LES

INSTITUTIONS MUNICIPALES DE BORDEAUX

AU MOYEN AGE

LA MAIRIE ET LA JURADE

PAR

CH. BÉMONT

Extrait de la *Revue historique*,
Tome CXXIII, année 1916.

(Les tirages à part ne peuvent être mis en vente.)

PARIS
1916

LES

INSTITUTIONS MUNICIPALES DE BORDEAUX

AU MOYEN AGE

LA MAIRIE ET LA JURADE

PAR

CH. BÉMONT

Extrait de la *Revue historique*,
Tome CXXIII, année 1916.

PARIS
1916

LES

INSTITUTIONS MUNICIPALES DE BORDEAUX

AU MOYEN AGE

LA MAIRIE ET LA JURADE

Le présent travail n'est pas une histoire de Bordeaux au moyen âge, histoire qui a été écrite de main de maître[1]; ce n'est pas davantage une étude d'ensemble sur les institutions municipales de cette ville ; le sujet demanderait, pour être traité comme il faut, une longue pratique des archives communales que je ne possède pas. J'ai voulu seulement retracer les origines et les phases essentielles du développement de la mairie et de la jurade. J'ai été amené à m'occuper de ce sujet par le bel ouvrage de Giry sur les *Établissements de Rouen*. Giry, qui a si bien connu les documents concernant la diffusion de cette forme assez spéciale d'organisation communale dans les pays de France occupés par les rois d'Angleterre et que les conquêtes de Philippe-Auguste et de Louis VIII ramenèrent dans le domaine des Capétiens, n'a pas poussé aussi loin ses recherches dans le domaine aquitain. Il n'a étudié de près que Bayonne, négligeant beaucoup d'autres villes où les traces des *Établissements de Rouen*, pour n'être pas toujours très apparentes, m'ont paru certaines. Ce sont ces traces que je me suis efforcé de retrouver et de suivre dans une série d'études destinées à former un livre, qui est maintenant écrit en entier. J'en détache aujourd'hui le premier chapitre.

I. — *Bordeaux avant Jean sans Terre.*

Jusqu'à l'extrême fin du XIIe siècle, nous n'avons pour ainsi dire aucun renseignement écrit sur Bordeaux et sur son orga-

1. Par M. Camille Jullian : *Histoire de Bordeaux depuis les origines jusqu'en 1895* (1895).

nisation municipale. On peut suivre son histoire religieuse depuis l'époque gallo-romaine[1]; avant Jean sans Terre, son histoire civile nous est pour ainsi dire inconnue; les pierres seules peuvent parler. Je ne pense ni aux inscriptions romaines publiées par M. Camille Jullian[2], ni aux bas-reliefs anciens édités par M. le commandant Espérandieu[3], mais à cette masse de monuments et de débris archéologiques, dont Leo Drouyn, par exemple, le savant continuateur de l'abbé Baurein, s'est servi pour tracer la topographie de la ville au moyen âge[4].

Ces témoins nous disent d'abord que la ville a changé d'aspect dans le cours du IIIe ou du IVe siècle. Avant les invasions qui à cette époque ruinèrent la Gaule, elle était ouverte et, adossée au fleuve, s'épanouissait librement en éventail vers la campagne. Le centre était formé par le forum avec le temple consacré à la déesse *Tutela*. Après 275, la ville dévastée se renferma étroitement derrière un rectangle d'épaisses murailles flanquées de nombreuses tours demi-circulaires. Le temple païen et l'amphithéâtre dit de Gallien furent laissés hors de cette enceinte et ne tardèrent pas à tomber en ruines. Au XIIe siècle, ce qui frappe dans l'intérieur de la ville, c'est, à l'angle du sud, le groupe formé par l'archevêché et la cathédrale Saint-André; puis, à l'angle de l'est, la tour du roi et son palais que précédait une esplanade plantée d'ormes et qui de là prit le nom de l'Ombrière; sur le milieu de l'autre grand côté, une hauteur que couronnait la forteresse de Puy Paulin[5]. Entre les demeures habitées par des seigneurs ou de riches bourgeois et qui avaient plus ou moins l'aspect et la destination de forteresses, s'élevaient de nombreuses églises paroissiales. Sauf la maison possédée par les Templiers, il n'y avait pas de couvent. Deux riches monastères, celui de Sainte-Croix, près du fleuve, et celui de Saint-Seurin, près de la « forêt royale », étaient hors des murs, dans la banlieue, où s'établirent aussi plus tard les Franciscains et les Dominicains, où se construisirent les hôpitaux. Saint-André,

1. Voir Hierosme Lopès, *Histoire de l'église métropolitaine et primatiale de Saint-André de Bordeaux* (1668). Réimpression par Callen (2 vol., 1881-1882).
2. *Inscriptions romaines de Bordeaux* (2 vol., 1887-1890).
3. *Recueil général des bas-reliefs de la Gaule romaine*, t. II (1908), p. 120-220 (documents inédits).
4. *Bordeaux vers 1450* (Archives municipales de Bordeaux, 1874).
5. Leo Drouyn, *Bordeaux vers 1450*, p. 101.

Sainte-Croix et Saint-Seurin étaient trois « sauvetés » et jouissaient de pouvoirs très étendus[1].

En dehors du mur méridional, un faubourg s'est développé, d'ailleurs plus près du château royal que de l'archevêché, sans doute à cause des commodités que fournissait le voisinage du fleuve et du port de Bordeaux dont il va être question. Ce faubourg avait pour centre la place du marché où viennent se croiser les rues de la Boucherie, des Aires, de Saint-Jacques; à la porte Saint-Jacques est l'église Saint-Éloi, près de laquelle s'établira le premier hôtel de ville. Sur le bord du fleuve est le port de Bordeaux, situé à l'embouchure du Peugue, ruisseau qui longeait le mur méridional de l'enceinte gallo-romaine. C'est le port des étrangers ou des pèlerins, où le duc d'Aquitaine, même avant Jean sans Terre, percevait d'assez productifs droits de passage. Là est la ville des commerçants; les rues étroites, sinueuses comme si les maisons avaient été bâties le long de chemins ruraux, présentent un contraste, aujourd'hui encore saisissant, avec celles de la vieille ville, qui ont dû conserver toujours quelque chose de la rectitude géométrique du plan primitif. Ce faubourg fut, lui aussi, protégé par une seconde enceinte formée d'une double ligne semi-circulaire de murailles. Mais ces deux villes juxtaposées l'une à l'autre n'eurent jamais d'existence séparée; de quelques textes on pourrait conclure à une distinction entre la *civitas* et le *burgus;* mais ils sont trop peu nombreux et trop imprécis pour qu'on s'y arrête. L'histoire de Bordeaux ignore les conflits qui par exemple ont mis si souvent aux prises la cité de Périgueux et la ville du Puy-Saint-Front, la cité et le château de Limoges.

Comment était administré le peuple de Bordeaux avant 1199? En réalité, nous l'ignorons. Nous n'avons pas de chartes et les chroniques sont muettes; non pas seulement l'informe et misérable Chronique de Guyenne qui a été transcrite au XIVe siècle sur le *Livre des Coutumes*[2], et qui ne contient pas un seul mot relatif à des événements quelconques accomplis entre la mort du comte Roland à Roncevaux et celle de Richard Cœur de Lion, mais même les annales et chroniques anglaises et fran-

1. Leo Drouyn, *loc. cit.*, p. 151-155.
2. Pages 395-402.

çaises, cependant si riches pour le XIIe siècle. Suger raconte[1] le mariage du roi de France Louis VII avec Aliénor d'Aquitaine, qui fut célébré à Bordeaux le 24 juillet (ou le 1er août) 1137; d'autre part, nous avons une charte de ce roi datée du même temps : « Actum Burdegale in palatio nostro publice[2]. » Le roi avait donc sa demeure à Bordeaux, sans doute dans le palais des anciens ducs d'Aquitaine. Il y avait aussi un prévôt : en 1145-1146, le roi notifie au prévôt, aux nobles et aux bourgeois de Bordeaux qu'il a soumis les chanoines de Saint-André à la règle de saint Augustin[3]. Il y avait enfin une « tour », dont le gardien vint à mourir en 1149, au grand regret de l'archevêque[4]. Henri II passa la Noël de 1156 à Bordeaux[5]. Après la fête, il « proclama la paix aux barons de Gascogne et aux autres peuples[6] ». Puis il nomma son fils cadet, Richard, comte de Poitou et duc d'Aquitaine (1169). Du comte Richard, nous avons une charte datée de Bordeaux (1174)[7]; nous savons aussi qu'à Noël 1176, il y « tint sa cour[8] »; qu'à un de ses fidèles, Pierre de Dauzac, il donna deux terrains à bâtir, avec ordre à tous les bourgeois (« civibus ») de le maintenir et de le protéger dans la possession de ces biens[9]. Devenu roi, Richard séjourne encore à Bordeaux (9 juin 1190) avant de partir pour la Croisade[10]. Ces faits, glanés çà et là, ne nous apprennent rien sur la vie municipale de la ville. Une lettre patente du roi Jean (15 avril 1214) qui a été transcrite dans le *Livre des Coutumes*[11] laisse entendre quelque chose de plus; il y est dit que Richard, tout en maintenant les impôts précédemment payés par les marchan-

1. *Vie de Louis le Gros*, édit. Molinier, p. 128-129.
2. Luchaire, *Actes de Louis VII*, n° 1.
3. *Ibid.*, n° 165.
4. *Historiens de France*, t. XV, p. 515.
5. C'est à ce séjour de Henri II que M. Leroux place une pénitence publique de ce roi, scène qui, d'après lui, est figurée par une suite de personnages sculptés au-dessus d'un des portails (le « portail royal ») de la cathédrale (Alfred Leroux, *la Procession expiatoire au portail royal de Bordeaux*, dans la *Revue historique de Bordeaux*, 1913, p. 81-105, et 1914).
6. *Historiens de France*, t. XII, p. 121 et 147.
7. Publ. dans *Archives historiques de la Gironde*, t. XXVI, p. 6; mentionné par Round, *Calendar of documents in France*, p. 450, et dans *Calendar charter rolls*, t. I, p. 175.
8. Roger de Howden, t. II, p. 117; Benoît de Peterborough, t. I, p. 131.
9. *Recogniciones feodorum*, n° 495.
10. Round, *Calendar of documents in France*, p. 15.
11. Page 524.

dises à destination ou en provenance de Bordeaux par la Gironde, avait chargé la ville de les percevoir. C'est donc que cette ville possédait déjà une sorte de personnalité administrative; mais composée de quels éléments? Voilà ce qu'il nous importerait de savoir. D'autre part, ces impôts, dont Jean sans Terre supprimera plus tard la partie la plus onéreuse aux Bordelais, sont la marque d'une étroite dépendance de la ville à l'égard du roi d'Angleterre, et comme, au temps de Richard, on ne constate dans la ville d'autre autorité que celle du roi, de son prévôt, de ses baillis, il faut bien croire que la ville ne possède pas encore d'organisation municipale, d'autonomie communale. Cette conclusion s'impose, à moins pourtant qu'on ne tienne pour exacts deux faits, deux dates sur lesquels autrefois certains historiens ont élevé de fragiles hypothèses.

On a dit en premier lieu[1] que les coutumes de Bordeaux avaient été rédigées en 1187, en second lieu, que la ville reçut de Henri II en 1173 ses premières institutions municipales et, en particulier, le droit d'avoir un maire[2]. Mais, sans entrer dans le détail, on peut tenir pour certain, surtout depuis les études de M. Henri Barckhausen[3], que la plus ancienne rédaction des coutumes de Bordeaux ne peut être antérieure au XIIIe siècle et qu'avant 1199 aucun document authentique ne fait la moindre allusion à la mairie.

Depuis au moins le VIIe siècle, l'histoire civile de Bordeaux est donc pour nous une page blanche. Je souscris très volontiers à ces paroles de M. Jullian : « Il est malaisé de croire qu'il n'y ait point eu pendant six siècles de corps municipal à Bordeaux;

1. Dans le *Discours sur l'état des lettres au XIIe siècle*, qui se trouve en tête du t. XVI de l'*Histoire littéraire de la France*, p. 81.

2. C'est Gabriel de Lurbe qui, dans sa *Chronique*, a mis cette date en circulation : en l'année 1173, dit-il, « Henry, roy d'Angleterre, octroye aux habitants de Bordeaux la libre élection de maire de ladite ville..., et dès lors ce magistrat fut annuel pour quelques années ». Cette opinion fut adoptée par Marie de Saint-Georges de Montmerci (*Recherches historiques sur l'office de maire de Bordeaux*, 1785), par Bernadau (*Annales de la ville de Bordeaux*, 1803, p. 40), par Jouannet (*Statistique du département de la Gironde*, t. I, 1837, p. 195), par Alex. Ducourneau (*Essai sur l'histoire de Bordeaux*, 1844, p. 50), par l'abbé O'Reilly (*Histoire complète de Bordeaux*, t. IV, p. 205-206). Elle a été victorieusement réfutée par Sansas (*Actes de l'Académie de Bordeaux*, t. XXIV, 1862) et par M. Henry Barckhausen (*Essai sur l'administration municipale de Bordeaux sous l'ancien régime*, en tête du *Livre des privilèges*, 1878).

3. Préface du *Livre des Coutumes*.

le comte et l'évêque ont-ils suffi à administrer la cité, l'évêque occupé par le soin des âmes, le comte représentant militaire du roi et juge au nom de l'État?... Il est difficile d'expliquer par un réveil subit la puissance de l'idée communale au XIIIe siècle; l'histoire des institutions n'offre pas de ces brusques changements. Il est plus logique de supposer à Bordeaux une longue habitude d'administration commune et la persistance d'un collège de chefs municipaux issus de la cité et regardés comme ses représentants[1]. » Sans doute; mais la logique ne domine pas toujours les faits de l'histoire. D'ailleurs, le changement n'a pas été aussi brusque qu'on se l'imagine tout d'abord. Il se rattache à l'histoire des *Établissements de Rouen* qui se sont adaptés peu à peu aux besoins soit de la royauté, soit des villes. Mais ce n'est pas avant l'avènement de Jean sans Terre qu'a commencé en Gascogne ce mouvement dont Giry a montré la propagation féconde en Normandie et en Poitou pendant le dernier quart du XIIe siècle.

II. — *Bordeaux de 1199 à 1206. Origine de la Jurade et de la mairie.*

On sait dans quelles circonstances mourut le roi Richard Cœur de Lion. Ce prince avait usé les derniers temps de sa vie à guerroyer contre une partie de ses sujets aquitains, surtout contre la noblesse; il semble que la reine Aliénor et son fils Jean aient été d'accord pour favoriser les villes. En tout cas, c'est de leur règne que date l'essor municipal en Guyenne. Au même temps s'opérait dans la chancellerie des rois d'Angleterre une transformation dont l'importance est d'une incalculable portée pour les études historiques : les actes du pouvoir royal avant d'être expédiés sous forme de « chartes », de « lettres patentes », de « lettres closes », etc., furent transcrits sur des rouleaux de parchemin dont la série commence dès la première année du nouveau souverain pour se continuer sans interruption jusqu'à l'époque moderne et même contemporaine. Nous pourrons désormais puiser à cette source nouvelle des renseignements précis, datés exactement et de plus en plus abondants, à mesure qu'on avance dans le temps. L'obscurité où l'on était plongé, peut-être

1. *Aperçu historique* (extrait de la *Monographie sur Bordeaux*, 1892, p. 30).

à cause du peu de soin qu'on apportait à conserver auparavant les actes de la royauté, va se dissiper.

Au moment de la mort de Richard (6 avril 1199), la reine sa mère était à Bordeaux[1]. Il est probable qu'elle s'employa très activement pour faire reconnaître son dernier fils Jean comme duc d'Aquitaine ; le « peuple de la ville » la pria humblement[2] d'abolir « certaines impositions mauvaises, inouïes et injustes » appelées en langue vulgaire « luch », « vinada », « bech » pour le prévôt, « bech[3] » pour les vendanges. Pendant que Jean allait se faire proclamer roi d'Angleterre, elle promit (1er juillet) qu'elles seraient abolies dans les trois semaines qui suivraient l'Assomption[4]. Une enquête de l'année 1236[5] nous apprend en outre qu'au temps des rois Henri et Richard le pays était « en bonne et légitime liberté », mais qu'à la mort de Richard, divers abus avaient été perpétrés par Mercadier, Martin d'Algais et autres chefs de mercenaires : levées de troupes contraires à la coutume, logement abusif des gens de guerre, contributions de toute espèce. C'est sans doute pour empêcher le retour de ces abus que le nouveau roi confirma (17 juillet) aux « citoyens » de la ville les « libertés » que leur avait concédées sa mère Aliénor[6]. Chose curieuse : la charte de Jean n'a pas été transcrite sur le *Livre des Coutumes*, tandis qu'on y trouve celle d'Aliénor, considérée dès lors comme un des fondements des libertés bordelaises. Le début nous en paraît bien humble ; mais il était tout à fait conforme aux besoins du temps : il importait d'abord aux habitants d'échapper à l'arbitraire. De magistrats municipaux, il n'est pas encore question. Aliénor ne parle que de ses baillis[7] et Jean n'en dit pas davantage ; mais en peu d'années l'aspect des choses, d'abord si incertain, va changer complètement.

Une lettre royale du 4 février 1200[8] est adressée « aux jurats

1. « Cum, post mortem karissimi filii nostri Richardi... apud Burdeguale essemus » (lettre d'Aliénor du 1er juillet 1199, *Livre des Coutumes*, p. 437).
2. *Ibidem* : « ejusdem ville populus humili devotione nobis supplicavit... ».
3. J'ignore le sens des mots *luch* et *bech*.
4. *Livre des Coutumes*, p. 437.
5. Publiée dans *Gallia christiana*, t. II, Preuves, col. 289, et dans *Arch. histor. de la Gironde*, t. III, p. 113.
6. *Rot. Chartarum*, p. 4 *bis*.
7. « Modis omnibus inhibentes ne a bayllivis nostris... hujusmodi prave consuetudines ulterius exiguantur. »
8. *Rot. Chartarum*, p. 59.

et aux bourgeois de Bordeaux[1] ». La jurade est-elle déjà organisée? Peut-être; mais ces jurats semblent disparaître aussitôt nés. Le roi en effet, le 6 février 1202, annonce aux bourgeois (« civibus ») l'envoi de l'archevêque de Bordeaux et du sénéchal, Raoul de Tourneham, chargés de percevoir une aide (« auxilium ») telle « qu'il ait lieu, lui, le roi, d'en être satisfait[2] ». En 1204, des lettres patentes en faveur de l'évêque de Londres (23 janvier) sont adressées « aux baillis et prud'hommes » de la ville[3]. En 1205, le roi donne « à ses chers et fidèles, les prud'hommes demeurant à Bordeaux », quittance de toute redevance illégitime perçue sur leurs marchandises tant à l'entrée dans la ville qu'en transit sur le fleuve (29 mars)[4]. De même une charte sur le partage des biens après décès est accordée quelques jours après (3 avril) « sur les instances et la pétition commune de tous nos prud'hommes de Bordeaux[5] ». Le lendemain (4 avril), une lettre patente est accordée par le roi « au sénéchal de Gascogne et à tous ses prud'hommes de Bordeaux[6] ». Le 29 avril, le roi remercie les « prud'hommes » de Bordeaux, de Bazas, de Saint-Émilion, etc., des bons services qu'ils lui ont rendus, car ils lui ont conservé la possession de leur pays[7]. Le 15 avril 1206 encore, le roi s'adresse « aux prud'hommes de Bordeaux » tout court[8]. Puis subitement cette formule, à peu près immuable depuis sept années, où ne sont nommés que les prud'hommes de la ville sans qu'il soit fait aucune mention d'autres magistrats, est remplacée par une nouvelle : le 30 avril en effet, nous voyons apparaître le maire, les jurats et autres fidèles[9].

Que s'est-il donc passé? Dira-t-on que dans la chancellerie anglaise, si récemment réorganisée, il y eut plusieurs années de flottement, que les formules d'adresse ne se sont précisées qu'après d'assez longs tâtonnements, que les rédactions abrégées par les clercs de la chancellerie[10] ne valent pas et ne sauraient

1. « Juratis et burgensibus [le texte ne dit pas civibus] Burdeg. »
2. *Rot. litt. pat.*, t. I, p. 5.
3. *Ibid.*, t. I, p. 38 : « ballivis et probis hominibus de Burd. ».
4. *Livre des Bouillons*, p. 156.
5. *Rot. Chartarum*, p. 145; *Livre des Bouillons*, p. 287.
6. *Rot. litt. pat.*, t. I, p. 52.
7. *Ibid.*, p. 53.
8. *Ibid.*, p. 62.
9. Voir plus loin, p. 10.
10. On a vu plus haut un type de lettre collective adressée aux « prud'hommes » de Bordeaux, de Bazas, de Saint-Émilion, etc. Il ne faudrait pas

remplacer un texte formel? Je le croirais volontiers. Ne pourrait-on pas cependant hasarder une explication moins négative?

A quel événement par exemple Jean sans Terre fait-il allusion en remerciant ses « prud'hommes » de lui avoir « conservé la possession de leur pays »? Sans doute aux graves difficultés que venait de lui susciter le roi de Castille et de Léon, Alfonse VIII le Noble. Alfonse avait, trente-cinq ans auparavant, épousé (1169) une des filles de Henri II et d'Aliénor (elle s'appelait Aliénor, comme sa mère) et c'est sa dot qu'il revendiquait[1] lorsqu'après la mort de sa belle-mère, la vieille reine Aliénor (1204), il entreprit une expédition au nord des Pyrénées[2]. Le 26 octobre, il eut à Saint-Sébastien une entrevue avec Gaston VIII, comte de Béarn, Giraud, comte d'Armagnac, les vicomtes de Tartas et d'Orthe[3], les évêques de Bayonne et de Bazas[4]. Dans une charte du même jour, où il fait une donation à « son cher ami » l'évêque de Bazas, il prend le titre de « seigneur de Gascogne » et, un peu plus loin, il parle de lui-même comme « régnant en Castille et à Tolède, ainsi qu'en Gascogne[5] ». Une autre charte, qui est un accord passé entre Raimond Garcie de Navailles et le vicomte de Béarn, est donnée « en l'an de l'incarnation 1205, au temps où l'illustre roi de Castille disputait la Gascogne à Jean, roi d'Angleterre[6] ». Cette date est probablement d'ancien style; du moins est-ce en 1206 que la misérable Chronique de Gascogne, qui a été transcrite dans le *Livre des Coutumes*[7], place cet épisode : « L'an 1206, la ville de Bordeaux fut assiégée par le roi de Castille. » Nous trouvons quelques détails de plus, mais sans date précise, dans la Chronique latine des rois de Castille qu'a récemment publiée M. Cirot : « Au temps du roi Jean, le roi de Castille avec plusieurs de ses vassaux entra en Gascogne et

en conclure que ces villes fussent administrées seulement par des « prud'hommes »; Saint-Émilion, par exemple, qui avait en 1199 reçu les Établissements de Rouen, avait à sa tête un maire et des jurats.

1. Opinion seulement probable, selon Lafuente, *Historia de España*, t. III (1861), p. 99-100.

2. A. Richard (*Histoire des comtes de Poitou*, t. II, p. 454) suppose qu'il y eut alors un traité secret passé entre les deux rois de France et de Castille contre le roi d'Angleterre.

3. Et non d'Orthez, comme le dit A. Richard, *loc. cit.*

4. Monlezun, *Histoire de Gascogne*, t. II, p. 248.

5. Marca, *Histoire de Béarn*, livre VI, col. 13 : « dominus Vasconie,... regnans in Castella et Toledo et in Vasconia ».

6. Marca, *loc. cit.*, p. 506. Cf. *Historiens de France*, t. XVIII, p. 245, note.

7. Page 396.

l'occupa presque tout entière, à l'exception de Bayonne et de Bordeaux. Il prit Blaye et Bourg, qui sont outre Garonne, et le pays qui est entre les deux mers; puis il retourna dans son royaume[1]. » Il était à Burgos le 22 mai 1206, date d'un diplôme par lequel il confirmait l'abbaye de Sauve-Majeure dans la possession de ses biens[2].

Telles sont les circonstances dans lesquelles a été rédigée la lettre du 30 avril 1206 où se rencontre la première mention constatée jusqu'ici des « maire, jurats et fidèles de Bordeaux[3] ». Son contenu est peut-être encore plus significatif que l'adresse : le roi annonce aux magistrats municipaux sa volonté que Renaud de Pons soit sénéchal de Bordeaux et de Gascogne; mais il leur demande sur ce point leur conseil[4]; en attendant, il « les prie » de lui obéir. Le lendemain (1er mai), il écrit, en même temps qu'à son sénéchal et à ses baillis, « au maire et à la commune[5] ». Entre ces mentions toutes fraîches du maire et l'invasion de la Gascogne par le roi de Castille, n'y a-t-il qu'une coïncidence purement fortuite? Je croirais plutôt que, menacés par l'attaque espagnole, n'ayant aucun secours à espérer d'un roi qui s'était laissé dépouiller de la Normandie sans opposer aucun effort sérieux à l'entreprise de Philippe-Auguste, les Bordelais prirent sur eux-mêmes d'organiser la résistance, qu'ils mirent alors à leur tête des magistrats pris dans leur sein et qu'enfin le roi, acceptant les faits accomplis, reconnut tacitement le maire et la commune qu'ils s'étaient spontanément donnés. Si les choses se sont ainsi passées, on ne dira plus avec M. Barckhausen[6] que les origines de la municipalité « nous échappent », et il est superflu d'ajouter avec lui au sujet de la mairie : « On ignore quelle est la charte qui la créa. » M. Barckhausen a connu tous les actes signalés plus haut et il les a victorieusement opposés aux historiens qui avaient jusque-là prétendu faire remonter l'origine de la mairie au roi Henri II ; s'il s'était avisé des rapprochements

1. *Bulletin hispanique*, 1912, p. 356.

2. Bibl. nat., ms. lat. 12751, p. 339, et 12771, p. 339 : « apud Burgis, aera M. CC XLIV., XXII die Maii ». L'an 1244 de l'ère d'Espagne correspond à l'année 1206.

3. *Rot. litt. pat.*, p. 63. Cf. une note de Rabanis dans le *Compte-rendu des travaux de la Commission des monuments historiques de la Gironde*, t. X, 1849, p. 55.

4. « Si consilium vestrum ad hoc intervenerit. »

5. *Rot. litt. pat.*, p. 63 (deux fois).

6. *Livre des Privilèges*, p. VIII.

que nous venons de suggérer, peut-être ses conclusions auraient-elles été moins timides.

Demandera-t-on maintenant si, en se donnant une commune, les Bordelais ont créé un type nouveau d'administration municipale ou s'ils ont imité des institutions déjà établies ailleurs? Je crois qu'ils se sont inspirés des *Établissements de Rouen*, si répandus dans les autres provinces occupées par les rois d'Angleterre, notamment en Normandie et en Poitou. La reine Aliénor n'avait-elle pas, au lendemain de la mort de Richard, donné cette charte à Poitiers, à La Rochelle et, tout près de Bordeaux, à Saint-Émilion? Sans doute, si le roi lui-même avait établi la commune bordelaise, lui eût-il imposé ce type d'organisation qui réservait en quelque sorte au souverain la nomination du premier magistrat municipal, le maire étant nommé par lui sur une liste de trois candidats choisis par les bourgeois; mais, s'il est vrai que les Bordelais se sont donné à eux-mêmes leurs institutions municipales, on comprend que, sans les calquer sur les *Établissements de Rouen*, ils en aient adapté les dispositions à leurs besoins particuliers. En fait, comme on le verra plus loin, ils firent passer plusieurs articles des *Établissements* dans la plus ancienne rédaction de leurs coutumes, mais ils donnèrent aux pouvoirs municipaux une plus grande autonomie, et les changements ont été si considérables que Giry a pu hésiter à ranger en effet Bordeaux parmi les communes soumises à ce régime municipal.

III. — *Bordeaux de 1206 à 1242. Les premières chartes de commune.*

Après la retraite du roi de Castille, Jean sans Terre vint à son tour dans le Bordelais. Le 14 juin 1206, étant encore à Niort, il mande « au maire de la cité de Bordeaux[1] » que Pons de Mirambeau s'est mis à son service et lui a juré fidélité. Le 11 août, de La Réole, il donne « aux maire, jurats et commun Conseil de Bordeaux[2] » l'ordre de remettre aux mains de son sénéchal, Renaud de Pons, les biens confisqués sur ses ennemis. Une formule un peu différente se présente dans un acte posté-

1. *Rot. litt. pat.*, p. 66. Après les mots « majori civitatis », le scribe avait d'abord ajouté celui de « communie », qu'il a ensuite biffé.
2. *Rot. litt. claus.*, t. I, p. 73.

rieur de deux années (20 avril 1208)[1] et qui nous intéresse à plusieurs titres, d'abord, parce qu'il contient le nom du premier maire connu de Bordeaux : Pierre Lambert, puis parce qu'à côté du maire et des jurats il mentionne « tout le Commun » de la ville[2]; enfin parce qu'il est daté « du cloître de Saint-André », comme si Bordeaux n'avait pas encore d'hôtel de ville. Il nous apprend que, lors du siège de la ville par le roi de Castille, on avait dû détruire les églises de Saint-Jacques et de Sainte-Madeleine, l'hôpital et les maisons construites (évidemment hors des murs) pour les pauvres, les pèlerins, les clercs et les moines; en réparation de ces destructions nécessaires, le maire, les jurats et tout le Commun de Bordeaux ont accordé à Raimond, prieur de Saint-Jacques, et aux frères établis pour le service de Dieu et des pauvres le droit de construire autant de maisons qu'ils voudront depuis la porte de Saint-Jacques jusqu'à celle de Cahernan, à la seule condition qu'elles demeurent à perpétuité la propriété inaliénable du prieuré.

Le dernier en date des actes de Jean sans Terre pour Bordeaux que je connaisse est la lettre patente du 15 avril 1214 déjà mentionnée plus haut[3]. Le roi « maintient les impôts perçus

1. *Livre des Coutumes*, p. 403, en note; l'acte en effet n'a pas été transcrit dans le *Livre des Coutumes*.

2. « Petrus Lamberti, major Burdegale, et jurati, totumque comune Burdeg. »

3. Cette lettre a été publiée par Borel d'Hauterive (*Documents inédits* dans Champollion-Figeac, *Collection de documents inédits sur l'histoire de France*, t. II, p. 45-46), d'après un livre de « Statuts et privilèges » qu'il avait vu aux archives municipales; ce ms. n'est autre que notre *Livre des Coutumes* où elle se trouve en effet (p. 524 de l'édit.). Elle est datée : « Teste me ipso, xv die aprilis anno regni nostri XV°. » Borel d'Hauterive l'attribue à l'année 1213, parce que, dit-il en note (p. 46), « Jean succéda à son frère Richard le 6 avril 1199; la 15° année de son règne commence donc le 6 avril 1213 ». Il est vrai que Richard mourut le 6 avril 1199; mais le règne de Jean commença officiellement lors de son couronnement, qui fut célébré le jour de l'Ascension, et le début de chaque année du règne fut calculé d'après cette fête mobile qui, en la 15° année, tomba le 23 mai 1213. Le 15 avril de la 15° année doit donc être reporté, comme on l'a fait dans l'édition, à 1214. — La lettre du 15 avril a été transcrite sur le *Rot. litt. pat.* (voir t. I, p. 113 de l'édition) avec quelques changements sur les formules : tandis que dans le *Livre des Coutumes* elle est adressée « omnibus Christi fidelibus », dans le *Rot. litt. pat.*, elle l'est « omnibus ballivis et fidelibus suis ». A la date, le scribe du *Livre des Coutumes* a oublié le lieu; dans le *Rot. litt. pat.*, on lit seulement « T[este] ut supra » ; ce qui oblige de remonter plus haut à une lettre datée de Saint-Émilion le 11 avril. Il nous faut donc choisir entre le 11 et le 15 avril; cette dernière doit être préférée parce que des abréviations telles que « T. ut supra » sont trompeuses. Disons enfin que, le 15 avril, le roi n'était plus à Saint-Émilion, mais à La

du temps de Richard Ier sur les marchandises allant à Bordeaux ou en venant par la Gironde », mais il exempte les bourgeois de la ville de toute « coutume » (ou redevance) pour les vins provenant de leurs vignes, « ainsi que pour leurs autres marchandises, tant que celles-ci se trouveront dans la ville même ». Voilà un précieux privilège dont, par la suite du temps, les bourgeois n'omettront jamais de poursuivre la confirmation. Le contraste entre la politique de Richard et de Jean est éloquent : Richard ne connaît les Bordelais qu'autant qu'ils paient l'impôt; Jean leur laisse prendre ou leur confère les libertés économiques et politiques dont ils ont besoin. De bon ou de mauvais gré, les Plantagenets ont décidément renoncé à la manière forte; une ère nouvelle est inaugurée.

La minorité de Henri III et les difficultés qu'elle suscita hâtèrent le mouvement. Les documents deviennent de plus en plus nombreux, mais il est souvent malaisé de trouver le lien logique qui les rattache les uns aux autres.

A l'année 1219 doivent être rapportées trois lettres non datées qui, au P. Record Office, ont été placées, faute de meilleure place, dans le fonds dit autrefois des « Lettres royales » et aujourd'hui de l' « Ancienne correspondance[1] ». La première est adressée au roi par le sénéchal en Gascogne, Geofroi de Neville, chambrier[2]; elle nous apprend que la province est menacée à la fois par le roi de France et par les barons du pays « qui ravagent la terre du roi, prennent ses bourgeois et les mettent à rançon », et il réclame de l'argent pour lutter contre ces révoltés qui, dit-il, « ne font pas plus cas de moi que d'un valet ». Mais comment le roi pourrait-il rien lui envoyer, en un temps où lui-même cherche à emprunter? Il demande en effet 1,000 marcs « au maire et à l'université » de La Rochelle[3], autant « au maire et à l'université » de Bordeaux[4]; encore, pour que les Bordelais

Réole. Francisque Michel (*Histoire du commerce de Bordeaux*, t. I, p. 198) mentionne la lettre publiée par Borel d'Hauterive, mais il semble avoir eu sous les yeux une analyse abrégée et inexacte qui se trouve dans le *Livre des Bouillons*, p. 184.

1. Elles ont été publiées toutes les trois par Shirley, *Royal letters* (Rolls Series), t. I, p. 25 et suiv.

2. Nommé sénéchal le 8 mai 1218, Geofroi de Neville sortit de charge en octobre ou novembre 1219.

3. *Pat. rolls*, p. 198 (lettre du 23 juin 1219).

4. *Ibid.*, p. 211.

consentissent à cet emprunt, fallut-il que la ville de Londres se portât caution du remboursement.

Écoutons maintenant ce que disent, dans les deux autres lettres, les « fidèles » du roi, « le maire et tout le Commun de Bordeaux ». Ils demandent d'abord au roi de confirmer la « quittance et liberté » que leur avait donnée Jean sans Terre; ils lui rappellent les dépenses qu'ils ont faites pour clore et fortifier la ville. Si le roi accorde le premier point, ils ne réclameront rien sur le second. Sans doute, ils n'ignorent pas que les frais d'entretien de leurs murs sont à leur charge, car c'est une obligation qui incombe très généralement aux habitants des villes fortes; mais ils pensent mériter des faveurs en raison même des sacrifices consentis. Il est fait allusion à cette pétition des Bordelais dans une lettre close du 24 juillet 1219[1], où le roi rappelle les bons services qu'ils lui ont rendus, à lui et à son père (le nom de Richard n'a-t-il pas été intentionnellement omis?), et les efforts qu'ils n'ont cessé de déployer pour clore et fortifier leur ville. La réponse à la pétition a été donnée seulement le 28 juillet 1220[2] : à cette date, le roi mande à son sénéchal de prendre les Bordelais sous sa protection et de les faire jouir en paix des privilèges pour leurs vins propres que son père, le roi Jean, leur avait concédés par ses lettres patentes.

L'état d'insécurité constaté par ces lettres ne cessa de s'aggraver par la suite. Lisons en effet une série de lettres patentes adressées, le 4 décembre 1222, « aux prud'hommes de Bordeaux[3] » : le roi s'étonne qu'ils aient osé faire des serments et des ligues (« sacramenta et confederationes ») avec plusieurs seigneurs du pays et avec les prud'hommes de ses bonnes villes[4]; il les casse et les interdit pour l'avenir. — Il s'étonne que certains de ses adversaires trouvent asile à Bordeaux, qu'ils aient osé s'emparer de plusieurs châteaux, brûler le port de Branne; il défend de donner asile à ces malfaiteurs. — Il s'étonne que les bourgeois de Bordeaux aient, sans autorisation, établi une taille sur ses hommes de l'Entre-deux-mers; il ordonne d'interrompre la levée de cet impôt et de restituer les sommes déjà

1. Rymer, à la date. Cf. *Rot. litt. claus.*, t. I, p. 395. Cf. Shirley, *Royal letters*, t. I, n°s 43, 44, 45, 71.
2. *Rot. litt. claus.*, t. I, p. 425.
3. *Pat. rolls*, p. 353-355.
4. On verra plus loin la teneur du traité passé cette même année entre Bordeaux et La Réole.

perçues. — Un différend s'est élevé entre Savaric de Mauléon, sénéchal de Poitou et de Gascogne, et les gens de Bordeaux; après enquête, le roi ordonne au sénéchal de prendre la ville sous sa protection, mais il veut qu'elle continue d'acquitter les mêmes redevances et services dont jouissait Jean sans Terre quand il avait quitté Bordeaux pour la dernière fois; il veut « garder dans sa main » les remparts et le château de l'Ombrière, ce qui veut dire que le roi s'est emparé d'un gage, sans doute à la suite d'un délit commis par les bourgeois; il ordonne qu'au serment d'obéissance prêté au sénéchal les bourgeois ajoutent cette clause : « réservant la fidélité due au roi et sauf le droit du roi ». Notons surtout cette phrase : « Quant aux arrérages dus au roi pour le temps où Bordeaux est resté aux mains des bourgeois, le roi leur accorde un répit jusqu'au moment où l'on connaîtra le montant des sommes [indûment] perçues par eux »; phrase obscure à première vue, mais qui s'éclaire d'un jour singulier quand on jette les yeux sur la liste des maires de Bordeaux[1] : tandis que, selon la constitution qui régissait la ville, le maire devait être élu tous les ans et que le maire sortant ne pouvait être réélu qu'après un intervalle de trois années, nous rencontrons, fait unique dans l'histoire bordelaise au XIIIe siècle, Amaubin d'Aillan maire quatre années de suite, de 1222 à 1225. Rapprochés les uns des autres, ces faits ne sont-ils pas l'indice d'une situation troublée, insurrectionnelle? Les bourgeois n'ont-ils pas rompu la foi due au roi et au sénéchal, mis la main sur les revenus de la royauté, fait alliance avec des gens du dehors, empiété sur les droits du roi dans l'Entre-deux-mers? Ou bien ce maire, nommé quatre années de suite, n'est-ce pas une créature de la royauté, cherchant à s'emparer de la principale magistrature dans la ville insubordonnée? Il est curieux en effet de rencontrer, dans une lettre écrite quatorze ans plus tard par certains évêques de la province d'Aquitaine, un Amaubin d'Aillan, à cette époque Hospitalier, mais qui, tant qu'il avait appartenu au monde, « avait utilement servi et sert encore utilement le roi[2] ». Si cet Amaubin est le même qui fut maire de Bordeaux pendant quatre années de suite, cette supposition, appuyée, il est vrai, sur ce qu'on pourrait considérer comme une simple

1. *Livre des Coutumes*, p. 404, et *Liste des maires et curés de Bordeaux*, par A. Brutails (Actes de l'Académie de Bordeaux, 1902).

2. *Gallia christ.*, t. II. Instrum., col. 290 : « qui, dum erat in sæculo, vobis et vestris negociis fuit et adhuc est utilis ».

clause de style, acquiert un certain degré de probabilité et nous instruit sur la politique d'intervention de la royauté anglaise.

La paix fut enfin rétablie sous la menace d'une nouvelle invasion étrangère.

Rappelons-nous qu'à la fin de juin 1224 la guerre recommença entre l'Angleterre et la France[1]. Appuyé sur l'alliance du comte de la Marche, Louis VIII avait concentré son armée à Tours (24 juin), pris Niort (3 juillet), obligé Saint-Jean-d'Angély à lui ouvrir ses portes, puis marché vers La Rochelle, capitale maritime du Poitou. C'est sans doute le danger commun qui rapprocha Bordeaux du roi d'Angleterre; dans une lettre non datée, « le maire et le commun Conseil » annoncent à Hubert de Bourg[2], qui exerçait alors les pouvoirs de régent, l'heureuse offensive des Français; pour eux, « résolus à résister aux ennemis du roi d'Angleterre et à lui conserver leur foi, ils fermeront la ville de Bordeaux; dans cette intention, ils ont déjà rasé beaucoup de maisons au prix de pertes qu'ils ne sauraient dire ». Comme indemnité et comme récompense, que demandent-ils, eux qui, « tant qu'ils vivront, ne s'écarteront jamais ni du service du roi ni de la fidélité qu'ils lui doivent »? Simplement ceci : qu'on écoute leurs messagers avec bienveillance, mais qu'on leur donne une prompte réponse.

Cette réponse ne tarda guère : elle est du 30 août[3] : « Pour les bons et fidèles services » qui lui ont été rendus par les Bordelais et « sur leur demande », le roi leur concède « une commune et un maire électif ». Cet acte est d'une importance capitale; c'est le premier où le souverain anglais reconnaisse formellement les institutions que s'étaient données les Bordelais. Si c'est le prix dont le roi paya leur fidélité, ce n'était pas cher et c'était de bonne politique. Nous voyons en effet le roi de France, après avoir obtenu la soumission des Rochelais (13 août), reprendre sa marche vers la Gascogne, Saint-Émilion ouvrir ses portes, Pierre de Gabarret livrer Saint-Macaire et Langon, Élie Rudel et plusieurs barons gascons passer au parti français; « mais », dit une lettre anonyme adressée au roi et qui contient

1. Voir Petit-Dutaillis, *Louis VIII*, p. 239.

2. Shirley, *Royal letters*, t. I, p. 231.

3. *Arch. histor. de la Gironde*, t. IV, p. 13 (d'après une copie prise par Bréquigny sur le registre Julius E. 1; le même document a été transcrit sur un registre du P. Record Office, le *Liber munimentorum*, lib. B, fol. 302).

les détails qu'on vient de lire[1], « rien, ni prière, ni argent, ne put détourner vos Bordelais de leur fidélité. Le comte [de la Marche] supplia le maire et autres de la ville de donner des trêves à ceux qui s'étaient tournés à la foi du roi de France; on lui répondit que, pour aucun motif, ils ne prendraient d'eux paix ni trêve et qu'ils ne cesseraient de leur faire tout le mal possible. Aussi s'est-il retiré de Gascogne en confusion. En ce qui concerne vos bourgeois de Bordeaux, les chevaliers et les sergents, ils contiennent à grands frais vos ennemis, disant que, s'ils avaient de l'argent, ils les confondraient tous. Et ils le feraient, croyons-nous, s'ils avaient avec eux le roi ou son frère Richard ». — Cette lettre fut écrite aussitôt après l'arrivée de son auteur à Bordeaux, le lundi qui suivit la Saint-Mathieu (23 septembre).

Les Anglais, que des troubles intérieurs avaient empêchés d'agir en 1224, se ressaisirent l'année suivante. Puisque nous avons la bonne fortune de rencontrer une mention des affaires gasconnes dans un chroniqueur, profitons-en ; écoutons un moine de Saint-Alban, Roger de Wendover : « Le jour de la Purification (2 février 1225), Richard[2], frère du roi, reçut de celui-ci le baudrier de chevalier, en même temps que dix nobles désignés pour son service. Puis, au printemps, il fut envoyé par le roi en Gascogne avec le comte de Salisbury (Guillaume Longuépée), Philippe d'Aubigné et soixante chevaliers. Ils partirent le jour des Rameaux (23 mars); un vent favorable les conduisit à Bordeaux. » La suite du récit nous montre comment était appliqué dans la réalité cet article des statuts municipaux, disant que la ville devait le service militaire, mais seulement après une semonce faite dans les formes légales : « Les bourgeois ayant été assemblés en présence de l'archevêque et des envoyés royaux, Richard leur présenta des lettres du roi son frère les suppliant humblement de bien accueillir le comte de Poitou et de lui prêter aide et conseil, afin de recouvrer les terres qu'on lui avait enlevées. Tous firent avec joie leur soumission au roi par l'intermédiaire du comte. Vinrent alors un grand nombre de chevaliers et de sergents quêtant des emplois bien rémunérés. » La solde que le comte leur paya les retint à son service. Richard, avec son oncle,

1. Shirley, *Royal letters*, t. I, p. 239.

2. Il avait seulement seize ans et venait de recevoir les titres de comte de Poitou et de Cornouailles.

le comte de Salisbury, et de nombreux chevaliers, parcourut le pays et le remit sous le joug; il prit La Réole après un long siège, occupa la ville et le château de Saint-Macaire, assiégea Bergerac et obligea son seigneur à revenir à la fidélité du roi d'Angleterre. La situation de Bordeaux parut alors si digne d'envie que le sénéchal de Gascogne, pour retenir Rochefort dans l'allégeance anglaise, conseilla au roi de donner à cette ville les libertés dont jouissait Bordeaux (1228)[1].

Vers ce même temps, une insurrection éclate à Bordeaux. A quelle date exacte et pour quel motif? Nous l'ignorons. Nous savons seulement, par une lettre patente du 13 février 1229[2], que le roi prit sous sa protection un certain nombre de bourgeois et de leurs partisans, « chevaliers et bourgeois, en ville et hors ville », qui étaient restés fermement attachés à Henri de Thouberville, sénéchal de Gascogne, et lui avaient apporté « une aide et des conseils efficaces pour réprimer cette sédition ».

En 1230, Henri III crut le moment opportun pour tirer sa revanche des revers subis en 1224 et imparfaitement réparés en 1225. On sait qu'il put débarquer en Bretagne et traverser le Poitou sans rencontrer d'obstacle. Arrivé près des frontières de son duché aquitain, il appela à lui ses contingents du pays bordelais; le maire de Bordeaux fut prié (car ce n'était pas un ordre) de lui envoyer pour le siège de Mirambeau 3 mangonnaux avec 30,000 carreaux (21 juillet)[3]. Tout cela d'ailleurs en pure perte; Henri III rentra dans son royaume après une promenade militaire sans résultat.

Au mois de novembre de cette même année 1230, eut lieu un traité d'alliance offensive et défensive entre Bordeaux et La Réole[4]. Passé d'abord en avril 1222, alors que Pierre Béguer était maire, puis retardé pour des causes inconnues, ce traité fut conclu par le maire Raimond Moneder et « les cinquante jurats[5] ses compagnons ». En voici les deux articles essentiels : 1° « au cas où les prud'hommes de Bordeaux seraient assiégés

1. Voir une lettre du roi au sénéchal (2 août 1228) dans Shirley, *Royal letters*, t. I, p. 333; cf. *Close rolls*, p. 118.

2. Shirley, *loc. cit.*, p. 344.

3. *Close rolls*, p. 422.

4. L'original est aux archives de La Réole. Il a été copié et publié par Michel Dupin : *Notice historique et statistique sur La Réole*, 1839. Cf. Ducourneau, *la Guienne historique et monumentale*, t. I, p. 270-273 (texte et traduction).

5. C'est, je crois, la plus ancienne mention des cinquante bourgeois que l'on rencontre dans des documents à date certaine.

par les ennemis du roi d'Angleterre, s'ils demandaient secours à ceux de La Réole, ceux-ci devraient leur envoyer, à leurs frais, cent hommes armés. De même, si ceux de La Réole demandaient à Bordeaux du secours, le maire et les prud'-hommes devraient lui envoyer, à leurs frais, deux cents hommes armés. Si, de part et d'autre, il était besoin d'un plus grand secours, les deux parties s'engageaient à le fournir » ; 2° il était expressément stipulé que les deux parties resteraient fidèles au roi d'Angleterre « en bonne foi », que cet arrangement était pris « sauves la seigneurie et la féauté dues à notre seigneur le roi d'Angleterre ». Cette dernière clause avait pour objet, j'imagine, d'empêcher que cet accord parût former une de ces « ligues et confédérations » interdites en 1222 ; mais ne voit-on pas se manifester de nouveau en ce cas l'esprit d'indépendance qui animait la ville ?

Deux lettres adressées, l'une et l'autre, le 9 août 1233 par le roi « à ses chers et fidèles, le maire et la Commune de Bordeaux », précisent certains points des institutions et de la politique communales. Dans la première[1], Henri III leur ordonne de verser au sénéchal, Hugues de Vivone, les deniers provenant de la ferme de leur ville, qui avaient été perçus depuis que Henri de Thouberville était sorti de charge[2]. Le droit accordé à une ville de percevoir elle-même les revenus de la royauté appartenait donc à Bordeaux ; en Angleterre c'était le signe le plus commun et le plus certain de l'affranchissement communal ; quoique le cas fût moins fréquent, semble-t-il, en Gascogne, c'était pour une ville un précieux avantage de pouvoir employer à ce difficultueux service ses propres agents. — Dans la seconde lettre[3], Henri III fait défense au maire et à la Commune d'admettre à jouir de leurs privilèges municipaux les hommes du roi dans l'Entre-deux-mers. Ces hommes étaient sans doute les mêmes que les « homines francales » dont il est si souvent fait mention dans les *Recognitiones feodorum*, c'est-à-dire des hommes libres, mais qui devaient au roi des contributions fixes en argent, sorte d'abonnement qu'ils avaient contractée avec la royauté à la suite des excès commis par les routiers de Richard Cœur de Lion. Peut-être y avait-il aussi des questaux, serfs

1. Shirley, *loc. cit.*, t. I, p. 418-419.
2. Henri de Thouberville est mentionné pour la dernière fois, comme sénéchal, le 1er juillet 1231.
3. Shirley, *loc. cit.*, p. 419-420.

attachés à la glèbe et taillables à merci. Les uns et les autres étaient à des conditions différentes une source de revenus pour le roi qui avait donc un évident intérêt à les maintenir sous sa dépendance directe. Permettre aux Bordelais de leur conférer ou de leur imposer leurs privilèges, c'était en outre étendre la souveraineté de la ville, sorte de seigneurie collective, au delà de ses murs et de sa banlieue, et par conséquent diminuer les droits du roi.

Nous arrivons enfin à l'année 1235 où fut confirmée par Henri III la charte des libertés déjà concédée onze ans auparavant. C'est la fameuse charte mal interprétée par G. de Lurbe et faussement alléguée par dom Devienne comme étant l'acte constitutif de la mairie bordelaise. Cette confirmation fut donnée, dans les termes les plus solennels, par une *carta*[1]; elle a été transcrite dans le *Livre des Bouillons*[2] et dans le *Livre des Coutumes*[3]. La teneur en est d'ailleurs des plus simples : le roi accorde aux bourgeois de Bordeaux, à perpétuité, le droit « d'avoir et de faire parmi eux un maire », d'avoir également « une commune avec toutes les libertés et libres coutumes appartenant au maire et à la commune ». C'est simple, bref et déplorablement imprécis.

La même année, le maire de Bordeaux prit à l'égard du sénéchal une attitude presque révolutionnaire. La cause, ou le prétexte, paraît avoir été de réclamer en faveur des gens de La Réole bannis par le roi après la reddition de la ville aux mains des Français en 1224; on vient de voir que La Réole et Bordeaux étaient unies par un traité de paix et d'alliance. Donc, le sénéchal, Henri de Thouberville, était venu « tenir sa cour » à Langon, peut-être parce que les Bordelais lui avaient rendu la vie intenable dans leurs murs. Quoi qu'il en soit, à Langon vinrent, le dimanche 26 août, « afin d'établir la paix et la tranquillité dans le pays et de publier les trêves conclues entre les deux rois d'Angleterre et de France », l'archevêque de Bordeaux, l'évêque de Comminges, « tous les barons de la Gascogne » et les conseils des villes; en outre, le maire de Bordeaux, Pierre Caillau, et Constantin Béguer, accompagnés de leurs partisans. Ceux-ci demandèrent au sénéchal de permettre aux « faidits »

1. *Calendar Charter rolls*, p. 210 (avec la date du 14 juillet).
2. Page 241 (avec la date du 13 juillet).
3. Page 512 (avec la date du 13 juin).

de La Réole d'y rentrer et de leur restituer leurs terres et leurs biens. Le sénéchal refusa, déclarant qu'il lui fallait tout d'abord causer de cette affaire avec le roi et avec les prud'hommes de La Réole. Indignés, les Bordelais lancèrent contre le sénéchal « des paroles honteuses, viles et énormes qu'il serait indécent de répéter devant la majesté royale »; enfin ils allèrent jusqu'à le menacer de mort. Le lendemain (27 août), quand ils furent rentrés à Bordeaux, « ils s'emparèrent du château royal, mirent la main sur les revenus du roi, chassèrent ses sergents et ses bailes »; puis ils envoyèrent aux gens de Sainte-Bazeille des lettres pour les engager à refuser leur obéissance au sénéchal et à retenir les revenus royaux. Non seulement ces gens refusèrent d'écouter ces suggestions haineuses, mais ils dénoncèrent au roi la conduite du maire et de ses partisans, ajoutant qu'elle déplaisait profondément à la plupart des « prud'hommes et des meilleurs » de Bordeaux. Pierre, seigneur de Landiras, et son frère Gaillard, qui rapportent au roi les mêmes faits à peu près dans les mêmes termes, ajoutent que « les bourgeois de Bordeaux ont usurpé et usurpent chaque jour les droits du roi ». Quant au sénéchal, les gens de Sainte-Bazeille l'attestent, il gouverne bien; « il travaille avec fidélité aux intérêts du roi[1] ».

1. Ces événements nous sont connus par deux lettres non datées qu'a publiées Shirley (*Royal letters*, t. I, p. 321, et t. II, p. 1); la première est adressée au roi par Pierre de Gabarret, seigneur de Landiras, et son frère Gaillard; Shirley la place « au commencement de 1228 »; la seconde est adressée au même par la communauté (« universitas proborum hominum ») de Sainte-Bazeille; Shirley la place « vers septembre 1228 ». La seconde lettre, copiée par Bréquigny, qui lui assigna un peu à la légère la date de 1244, a été éditée par Champollion-Figeac (*Lettres de rois et reines*, t. I, p. 79) et, naturellement, avec la date supposée par Bréquigny. Aucune de ces dates ne soutient l'examen. Dans la première lettre, il est question du sénéchal Henri de Thouberville qui vient rétablir l'ordre troublé pendant son absence. Or, Henri, sénéchal pour la première fois du 19 octobre 1227 jusqu'au 1er juillet 1231, fut absent de Gascogne de 1231 à 1234; il ne rentra en charge que le 23 mai 1234. Il fut remplacé en septembre 1237 par Hubert Hosé, fut rétabli une troisième fois le 28 novembre 1238 et mourut le 21 mai 1239 (Mat. de Paris, *Chronica majora*, t. III, p. 624). On nous dit en outre (Shirley, t. I, p. 321, au bas) que le sénéchal vint à Langon le dimanche après la Saint-Barthélemy pour y publier les conditions de la trêve conclue avec la France; or, en 1228, les deux rois avaient bien conclu une trêve, mais en juin, tandis qu'en 1235 une trêve de trois ans fut conclue à partir de l'Assomption; c'est évidemment au moment où elle vient d'être conclue qu'on en publie les conditions. Enfin, la lettre mentionne P. Caillau comme maire de Bordeaux; or, la liste des maires le place en 1235. C'est Alexandre de Combes qui était maire en 1228. Si Shirley a songé à cette dernière date, c'est qu'il a rapporté la lettre publiée par lui au soulèvement de

J'ignore quelle suite a été donnée à cette double dénonciation. On ne voit pas que le maire ait été inquiété ; quant au sénéchal, il était encore en charge plus d'un an après la scène violente de Langon et il devait être investi de cette fonction une troisième fois en 1238.

IV. — *Les factions politiques à Bordeaux.*

En 1242, Henri III essaya de recommencer l'aventure qui avait si mal réussi à son frère en 1225 et où il avait échoué lui-même en 1230. A partir de ce moment commencent les *Rôles gascons* qui nous rendront désormais d'inappréciables services.

On sait que, à peine débarqué à Bordeaux, Henri III s'efforça d'organiser l'armée qu'il voulait conduire contre le roi de France. Il avait amené peu de troupes avec lui, pensant trouver en Poitou et en Gascogne les contingents nécessaires. Au maire et à la Commune de Bordeaux, il envoya son ordre de mobilisation le 25 mai[1]. La formule en était brève et impérative, mitigée, il est vrai, par un appel au sentiment du devoir : « Nous vous mandons, vous rappelant avec une instante prière ce que vous devez faire pour nous et pour notre honneur, de ne pas oublier d'être à Royan... le 12 juin. » Ces termes parurent encore trop absolus, car, le 17 juin, le roi reconnaissait que les Bordelais « ne lui devaient pas le service militaire hors du diocèse[2] ». Or, ajoutait-il, « nous n'entendons pas exiger de vous aucun service illégitime. Nous déclarons en conséquence que celui que vous fournissez en ce moment en Poitou et en Saintonge est une pure

1228-1229, dont il a été parlé plus haut. Il ne s'est pas avisé qu'il y eut en réalité deux mouvements populaires à sept années d'intervalle. — Quant à la seconde lettre, elle ne peut être séparée de la première : on y retrouve les allusions aux mêmes faits, presque dans des termes identiques, et à cet égard, Shirley a été logique en attribuant les deux lettres à la même année. — A la date proposée par Bréquigny et acceptée sans examen (suivant son usage) par Champollion-Figeac (celle de 1244) s'oppose un fait péremptoire : le sénéchal qui vint tenir sa cour à Langon était Henri de Thouberville, mais en 1244 celui-ci était mort depuis cinq ans. Champollion s'est laissé abuser par le nom du maire de Bordeaux, P. Caillau, qui fut deux fois maire, en 1235 et en 1244.

Nos deux lettres doivent être placées en 1235 (et non en 1236, comme le veut Balasque dans ses *Études sur Bayonne*, t. II, p. 56), après le 24 août, jour de la Saint-Barthélemy, et sans doute peu après. Il faut corriger dans ce sens un passage de la vie de *Blanche de Castille*, par M. Élie Berger, p. 118.

1. *Rôles gascons*, t. I, n° 160.

2. *Ibid.*, t. I, n° 281.

grâce de votre part, que vous en avez été priés par nous et que nous vous en remercions; nous ne voulons pas que le fait établisse un précédent pour l'avenir ». Cette déclaration de non-préjudice fut renouvelée peu après (25 février 1243)[1] et considérée comme assez précieuse pour être consignée dans le *Livre des Bouillons*[2]. Le soin que prend le roi de calmer les appréhensions des Bordelais est-il l'indice d'une situation troublée? Dans une lettre adressée par le roi (21 avril)[3] aux prud'hommes de La Réole, de Saint-Macaire et de Langon, il leur fait défense d'aller à Bordeaux ou d'y envoyer personne « pour porter secours à aucun citoyen en lutte avec un autre dans la même ville »; il prendra de sévères mesures contre ceux qui oseraient enfreindre cette défense; mais, tout en interdisant aux gens du dehors de venir en aide aux factions de la ville, il reconnaissait pour ainsi dire à celles-ci une existence légale en prenant la décision suivante : « Puisqu'il y a dans cette ville deux factions rivales, les jurats seront pris chaque année dans chacune en nombre égal. »

Ces factions, qui vont jouer maintenant un rôle si considérable dans l'histoire bordelaise, ne sont pas propres à Bordeaux; on en trouve de semblables dans la plupart des villes gasconnes au XIVe siècle et plus tard encore; mais c'est à Bordeaux qu'elles nous sont le mieux connues parce que les documents sont le plus nombreux. Il faut donc leur accorder une attention particulière. Ce ne sont pas des partis poursuivant des fins opposées en matière politique ou économique; ce sont des groupes de familles anciennes, riches sans doute, formant une sorte d'aristocratie ou de patriciat municipal, mais toutes également désireuses d'assurer leur situation sociale par la conquête du pouvoir. Ces familles, nous les voyons se perpétuer pendant d'assez nombreuses générations, sans doute par la force même du lien familial. Comme l'a fait très utilement remarquer M. Barckhausen[4], « par les dispositions qui touchent à la famille, notamment à la puissance maritale ou paternelle, à la juridiction des chefs de maison et à la communauté de biens entre frères ou fils de frères, on est frappé du caractère primitif des usages encore suivis vers 1400 dans le pays bordelais ». Ces familles possédaient

1. *Rôles gascons*, t. I, n° 876.
2. Page 243.
3. *Rôles gascons*, t. I, n° 1378.
4. *Livre des Coutumes*, p. XXII.

des terres, des fiefs, faisaient le commerce, surtout le commerce maritime et le négoce des vins; leurs chefs étaient à la fois armateurs, marchands, seigneurs fonciers. Rien de plus naturel s'ils voulurent aussi devenir et rester les maîtres de la cité.

La plus ancienne de ces familles était sans doute celle de « Bordeaux ». Dans la première moitié du XIIIe siècle, elle possédait dans la ville même le fief de Puy Paulin. Pierre de Bordeaux, bourgeois en ville, avait hors ville plusieurs seigneuries[1]; il compte d'ailleurs plutôt dans les rangs de la noblesse et paraît n'avoir pas joué de rôle dans les luttes des familles bourgeoises. Deux de celles-ci descendaient sans doute d'ancêtres qui s'étaient perpétués dans certaines fonctions administratives : ainsi celle des « Viger » ou « Béguer », anciens *vicarii* dont les attributions primitives sont mal connues; ainsi celle des « Moneder » ou *Monetarii*, sans doute chefs de l'atelier monétaire, qui travaillait à Bordeaux pour le compte du roi et de l'archevêque. En 1204 déjà, l'on voit le roi Jean concéder la terre de Bègles à Élie Viger et à ses hoirs[2]; un Pierre Viger est maire en 1222 et en 1226; un Vigouroux Viger en 1232 et 1236[3]. De même, un Raimond Moneder est maire en 1230, 1234, 1238. Les *Rôles gascons* nous font encore connaître les Lambert (Arnaud Lambert fut le premier maire connu, en 1208), les d'Aillan, les Rostein, les Toscanan. Mais les familles les plus connues, dont la rivalité a le plus longtemps ensanglanté les rues de la ville, sont celles des Caillau, des Colom et des Du Soler.

Les Caillau paraissent groupés autour du château royal, non loin de la porte fortifiée à laquelle leur nom est encore aujourd'hui attaché[4]. En 1243, le roi devait à deux frères, Pierre et Arnaud Caillau, 270 l. st., prix de 302 tonneaux de vin qu'il leur avait commandés pour son usage personnel[5]. Le même Pierre Caillau fut maire en 1235 et en 1244. Après sa mort (avant le 9 juin 1264), son fils, appelé aussi Pierre, et son neveu, Arnaud, furent excommuniés et leurs biens interdits (juin 1264) par l'official de Bordeaux. D'après les lettres mêmes de l'official, cette sentence paraît les avoir laissés parfaitement

1. Baurein, *Variétés bordeloises*, t. I, p. 38, et t. III, p. 36.
2. *Arch. histor. de la Gironde*, t. XVI, p. 270.
3. Voir la liste déjà citée des maires de Bordeaux; cf. Baurein, *Recherches sur Bordeaux*, p. 75.
4. Baurein, *Recherches*, p. 2; Drouyn, *Bordeaux vers 1450*, p. 443-444.
5. *Rôles gascons*, t. I, nos 1177, 1166.

indifférents; l'excommunication finit par être levée en 1277[1]. Bien plus grande fut l'influence des « Colombins » et des « Solériens ».

Les Colom donnèrent un maire à Bordeaux en 1220 : Guillaume-Raimond Colom. Vingt ans plus tard, un autre Colom, Gaillard, était créancier pour des sommes importantes du comte de Toulouse et de plusieurs villes agenaises situées sur la Garonne, la principale route commerciale du pays. Le comte de Toulouse faisant sans doute difficulté pour s'acquitter, Gaillard ne s'adresse ni au roi de France ni au roi d'Angleterre; comme les gros négociants de cette région étaient habitués à traiter leurs affaires eux-mêmes, il délivre tout simplement des lettres de marque contre les marchands et s'empare de leurs marchandises[2]. En 1241, survient un arrangement : le comte ayant promis (20 décembre 1240) de lever un droit de transit sur le blé et le vin à Marmande et de rembourser ses créanciers avec le produit de cette « collecte », Gaillard consent (2 mars 1241)[3] à suspendre jusqu'à un mois après la Saint-Jean les effets des représailles qu'il avait ordonnées; le lieutenant du sénéchal, Rostein Du Soler, approuve cet accord[4], que son chef ratifie à son tour (10 septembre)[5] : pour apaiser la querelle du « chemin de la Garonne », les marchands toulousains sont autorisés à venir librement à Bordeaux pendant une année, en payant les droits accoutumés. L'année suivante, ce même Gaillard est un des fournisseurs du roi alors en Gascogne. Il lui procure des draps de soie et d'écarlate, du gingembre[6], des chevaux de selle[7]. Une de ses créances sur le roi s'élève à 1,042 m. st.[8]. Pour s'acquitter, Henri III lui abandonne « tous ses revenus à Bordeaux[9] », ceux de « ses landes de Bordeaux et la prévôté de l'Entre-deux-mers jusqu'à concurrence de 400 marcs[10] », ceux de dix-neuf localités des Landes[11].

1. Arch. des Basses-Pyrénées, E 172, 173.
2. Magen et Tholin, *Chartes d'Agen*, p. 51-53.
3. *Ibid.*, p. 52.
4. *Ibid.*, p. 51.
5. *Ibid.*, p. 53.
6. *Rôles gascons*, t. I, n° 71.
7. *Ibid.*, t. I, n°s 328, 350, 546.
8. *Ibid.*, t. I, n° 361.
9. *Ibid.*, t. I, n° 352.
10. *Ibid.*, t. I, n° 393.
11. *Ibid.*, t. I, n°s 485, 486.

Les Du Soler sont d'ordinaire les rivaux des Colom. S'ils avaient leur maison principale dans la rue qui porte aujourd'hui leur nom, il est vrai défiguré (rue du Soleil), ils habitaient tout près du marché, au cœur même du quartier populaire. Un de leurs chefs, Rostein, prétendit en 1249 qu'il avait toujours fidèlement servi le roi Henri III et Jean, son père[1]. Il fut maire en 1237-1238 et en 1241. Cette seconde année, il était en même temps sénéchal, cas unique, je crois, au XIIIe siècle. Il était encore maire quand Henri III commença son infructueuse campagne de 1242; mais son année avait déjà pris fin quand le roi entra dans Bordeaux (mi-août) et il se démit de la sénéchaussée le 10 novembre[2]. Nous ignorons les motifs qui mirent aux prises ce Rostein et sa maison avec celle des Colom; mais leur rivalité sera désormais, pendant tout le XIIIe siècle et même au delà, un des faits essentiels de la vie municipale de Bordeaux. Autant qu'on peut le deviner, ils ne représentent pas deux principes opposés; on ne voit pas, par exemple, que l'un soit à la tête du parti aristocratique, l'autre à la tête du parti populaire. Ce sont des chefs de clan, de « mesnie », de compagnie, comme on dira au siècle suivant, qui se déchirent pour des intérêts exclusivement personnels. Bien moins encore y avait-il un parti anglais et un parti français; car les uns ni les autres n'hésitaient à solliciter l'aide du roi étranger pour le bien de leur cause[3]. Leurs luttes fourniront d'ailleurs au gouvernement royal un prétexte et un moyen excellents pour fortifier son autorité au détriment des libertés communales.

La première marque de l'inimitié que s'étaient vouée les Du Soler et les Colom est dans un traité de paix destiné à rétablir entre eux la concorde (30 juillet 1248)[4]. Peut-être cette paix n'était-elle qu'une trêve consentie afin d'attendre les événements. Simon de Montfort venait en effet d'être nommé sénéchal de Gascogne avec les pouvoirs les plus étendus et d'abondantes ressources en hommes et en argent (1er mai). Qu'allait-il faire? Rester neutre entre les partis, les opposer l'un à l'autre pour les user réciproquement, favoriser l'un au profit de l'autre?

1. Bémont, *Simon de Montfort*, p. 280.
2. *Rôles gascons*, t. I, n° 648; cf. Supplément, p. CXIX.
3. Ceci est en opposition avec la thèse, d'ailleurs habilement présentée, de Frank Burr Marsh, *English rule in Gascony, 1199-1259, with special reference to the towns*, Michigan, 1912.
4. *Calendar patent rolls.*

A son arrivée, il trouvait les Du Soler maîtres du terrain : Rostein et « ses aides », a-t-il déclaré plus tard, étaient « comme seigneurs de la cité[1] ». Cependant, afin de paraître impartial, il fit entrer dans son conseil les principaux chefs des deux factions. Celles-ci rompirent elles-mêmes l'équilibre en fomentant l'émeute du 28 juin 1249. Cette date ne paraît pas avoir été choisie au hasard. A cette époque, les élections annuelles devaient avoir lieu cinq jours après la Saint-Jean, savoir le 29 juin. Il s'agissait donc d'enlever de haute lutte les votes des électeurs. Les récits qui nous sont parvenus sur l'événement sont contradictoires en plusieurs points ; ils ne permettent pas de douter cependant que de sérieux préparatifs militaires aient été faits. Que d'autre part l'offensive ait été prise par les partisans de Du Soler ou ceux de Colom, il nous importe assez peu de le savoir. Constatons seulement les faits intéressant l'histoire municipale : quand on vint annoncer au maire (il s'appelait Guillaume Gondaumer) que les « Colombins » occupaient en armes les maisons voisines du marché, que l'on tendait les chaînes de la cité, « il convoqua ses jurats et les Trois-Cents qui, d'après les statuts et les coutumes ou fors de la ville, sont chargés de la défendre contre les rixes et les séditions[2] ». Repoussés de la place du marché, le maire et les jurats se replient vers la porte Begueyre où ils appellent la « Commune » ; le maire fut blessé à mort[3]. Enfin, l'intervention armée du comte de Leicester calma les belligérants. Le comte appela leurs chefs au château royal ; puis, estimant que Rostein Du Soler était le principal auteur de la sédition, c'est lui qu'il frappa le plus durement. Gaillard, son fils, qui, à la vérité, était absent lors de ces événements, mais qui devait être bien informé de ce qui s'était passé, prétendit que le comte avait promis à Rostein de le traiter avec honneur et de lui rendre bonne justice ; qu'il avait scellé cette promesse en lui donnant publiquement le baiser de paix[4]. Simon de Montfort contesta le fait ; il déclara que Rostein s'était livré à merci[5], c'est-à-dire remis sans réserve à la justice du comte. Nous ne déciderons pas entre eux, mais nous voyons à tout le moins les garanties dont jouissait à Bordeaux la personne d'un bourgeois

1. Bémont, *Simon de Montfort*, p. 286.
2. *Ibid.*, p. 280.
3. *Ibid.*, p. 287.
4. *Ibid.*, p. 281.
5. *Ibid.*, p. 288.

non régulièrement inculpé. Les deux factions durent livrer chacune vingt otages et trois maisons, puis envoyer devant la justice du comte quinze de leurs plus notables partisans. Rostein et ses alliés y furent reconnus coupables d'avoir commencé la lutte et d'avoir été les derniers à poser les armes, tandis que les Colombins avaient obéi sur-le-champ aux ordres du comte. En conséquence, les otages livrés par Rostein Du Soler furent tenus pour « déloiaux et coupables » et maintenus en prison; Rostein lui-même fut enfermé, mais « dans une belle chambre, honnêtement et honorablement et sans liens[1] ». Sa maison fut abattue. Cette pénalité était contraire aux statuts municipaux[2] et, quand on reprocha au comte cette illégalité, Simon se justifia en disant que, « selon la déclaration des prud'hommes », Rostein l'avait construite plus haute que ne le permettaient les règlements[3]. On remarquera enfin que cette Journée des Barricades sévit exclusivement dans le faubourg, de la place Begueyre au « pont neuf » ou pont Saint-Jean, et que le centre de la bataille paraît avoir été le marché. Était-ce donc dans le quartier populaire qu'il fallait enlever l'élection?

De l'élection même qui suivit cette émeute, nous ne savons rien, ni même si elle eut lieu au jour accoutumé. Le maire de l'année 1248-1249 fut un Colom, Guillaume Raimond; les Du Soler accusèrent violemment Simon de Montfort d'avoir abusé de son pouvoir pour le faire triompher.

Cependant, nombre de partisans de Rostein avaient pris la fuite. Le comte « fit crier dans toute la ville, non dans l'intention de faire du tort à personne, mais pour ramener ces gens à la paix et à la foi du roi, que tous les fugitifs pourraient rentrer sans être inquiétés, à condition de comparaître en justice ». Plusieurs n'étant pas revenus, le comte jugea qu'ils étaient « défaillants de droit » et s'empara de leurs biens[4]. Leur cas fut réglé plus tard, par un accord conclu à Bordeaux, le dimanche 27 mars 1250, en présence des deux archevêques de Bordeaux et d'Auch, de nombreux barons gascons et de « toute la communauté de la ville », spécialement assemblés pour entendre et

1. Bémont, *Simon de Montfort*, p. 289.
2. *Le Rolle de la Vila*, dans le *Livre des Coutumes*, p. 284, art. 27.
3. Bémont, *Simon de Montfort*, p. 291, au bas.
4. *Ibid.*, p. 290-291.

approuver ces conditions[1]. Laissons de côté les décisions prises pour ou contre les individus et voyons seulement les articles d'une portée générale : défense était faite, à l'avenir, de prendre les armes dans l'intérieur de la ville contre le lieutenant du roi, le maire et les jurats, sous peine de bannissement perpétuel; défense aux bourgeois, sous la même peine, de se lier entre eux par des serments et de former des associations (« conventicula »), s'ils ne peuvent prouver que leurs intentions sont pacifiques; deux cents hommes, tant de Bordeaux que du dehors, désignés par le comte et par le maire, devaient jurer sur l'autel et sur les Évangiles, en présence du corps du Christ, d'observer cette paix; la Commune tout entière prêtera le même serment chaque année. Lorsque Henri III vint à Bordeaux trois ans plus tard, il fit grâce à Gaillard Du Soler, fils de Rostein, et à tous ses partisans qui avaient été bannis (4 août 1253)[2]; il le reçut en personne le lendemain (5 août) et lui fit restituer ses biens et revenus confisqués (3 septembre)[3]. On avait accusé Simon de Montfort de partialité haineuse; le roi témoignait par des actes qu'il entendait se tenir au-dessus des partis en les traitant avec équité. L'année suivante, en effet, pris pour arbitre par les deux factions ennemies, il prononça (7 octobre 1254)[4] une sentence mémorable : les bourgeois convaincus d'avoir porté des armes et frappé le jour de l'émeute du 28 juin seraient exilés, mais les serments faits à raison de toute ligue, conspiration ou confrérie étaient pardonnés; les écrits qui les attestaient seraient détruits. Le maire et cent notables bourgeois pris dans chaque faction jureront la paix; la Commune tout entière prêtera le même serment chaque année. Pour l'avenir, défense était faite de pousser le cri « aux armes ! » et de sortir de chez soi à cet appel. Pour ramener la concorde, le roi exprima le désir que des mariages fussent contractés entre les familles ennemies, mais sans qu'on eût recours à la contrainte, « car les mariages doivent être libres »; enfin, comme garantie, les partis durent fournir des otages. Pour maintenir la paix établie sur ces bases

1. Rymer (à la date du 21 janvier 1251, jour où le roi ratifia les articles de la paix).

2. *Rôles gascons*, t. I, n° 4175.

3. *Ibid.*, n°s 3695 et 3697.

4. *Ibid.*, n° 4552; cf. n°s 3728, 3778.

vraiment libérales, le maire en était nommé « conservateur », de concert avec le sénéchal; à lui par conséquent incombait le soin de prendre les mesures nécessaires au maintien de l'ordre; s'il y montrait de la négligence, après quinze jours, c'est le sénéchal ou son lieutenant qui agirait à la place du maire.

Ces belles paroles et ces précautions semblent n'avoir produit aucun effet durable, et bientôt le bruit courut que Henri III allait enlever aux Bordelais leurs privilèges municipaux. Le roi s'empressa de le démentir; il promit « aux maire, jurats et citoyens » le maintien de leur « commune » avec ses droits et libertés (15 juin 1257)[1]; plus tard encore, dans une lettre « aux maire, jurats et communauté » (14 juin 1260)[2], il rappelle d'abord la charte concédée en 1235, la liberté qu'il a reconnue à la ville d'élire un maire et des jurats; mais il ajoute : « Oublieux de cette concession, vous les prenez dans l'un des partis rivaux, arbitrairement et sans l'assentiment de la communauté », ce qui avait causé de grands troubles; en conséquence et pour l'avenir, il leur enjoignait « de mettre à leur tête un maire et des jurats choisis chaque année par la Commune ».

Cette politique était simple et loyale : elle avait pour principe le respect des institutions régulièrement établies, pour caractère le maintien de l'égalité entre les partis. Pouvait-elle être pratiquée longtemps? Le fils aîné du roi, Édouard, qui, après avoir reçu de son père le duché de Gascogne (8 juin 1252), avait déjà gouverné en personne la province (1254-1255), fut amené, soit par les circonstances, soit par son goût personnel, à en inaugurer une autre.

Tout d'abord, il avait paru disposé à se tenir, lui aussi, au-dessus des partis : le 12 août 1255, pour remercier Guillaume-Raimond Colom et récompenser « l'ardeur de sa fidélité », le prince l'autorise à élever des maisons sur les murs neufs de la ville, comme il en possédait déjà sur les vieux murs depuis la porte Dessous-le-Mur jusqu'à celle des Ayres; cette concession s'étendait « depuis la porte qu'il a fait percer près du Peugue jusqu'à sa cuisine »; Colom pourra y faire toutes les réparations et transformations qu'il lui plaira, « mais sans élever ni tours ni forteresses »; il reçoit enfin le terrain, voisin de ses maisons,

1. *Rôles gascons*, t. I, Supplément, p. C. Cf. *Livre des Coutumes*, p. 514.
2. *Ibid.*, p. CI.

qui était compris entre les deux murs de l'enceinte la plus récente (celle du faubourg) et où il avait planté un verger, « mais à condition de ne pas construire dans cet emplacement[1] ». Le 17 octobre de cette même année 1255, le prince, confirmant une décision prise deux ans plus tôt par son père, ordonne de restituer à Gaillard Du Soler toutes ses terres, ses revenus, etc.[2]. En 1256, les « faidits » sont autorisés à rentrer, en fournissant d'ailleurs des cautions[3]. Mais, aussitôt après, nous rencontrons une lettre[4] dans laquelle Gaillard affirme qu'il a promis solennellement au prince « de faire tous ses efforts, d'employer fidèlement toute sa diligence pour que lui, les siens et la mairie de Bordeaux passent sous la main d'Édouard, son seigneur, afin que, sans avoir besoin de requérir la licence et l'assentiment des jurats et de la Commune, le prince ou son lieutenant puisse, comme il lui plaira, établir ou écarter le maire de la ville ». Il lui promet en outre son concours « pour construire et fortifier un château » dans Bordeaux, comme si l'Ombrière ne suffisait plus! Il s'engage enfin à ne plus contracter ni paix, ni alliance, ni mariage qu'avec l'assentiment du prince. — Qu'est-ce à dire? Tandis que le roi promet le maintien de la constitution de 1235 et ordonne l'élection annuelle du maire par la Commune, son fils négocie pour obtenir le droit exclusif de nommer ce maire! Pour atteindre ce but, il s'appuie sur le parti vaincu en 1249! Les faux bruits que le roi faisait démentir dans sa lettre du 15 juin 1257 étaient donc fondés! Est-ce duplicité, ou le prince mène-t-il une politique contraire à celle de son père?

Le fils confirme, il est vrai, le 17 avril 1258[5], la Commune de Bordeaux « pour obéir aux ordres de son père »; mais, l'année suivante, surgissent de nouvelles complications. Au retour d'un voyage en Angleterre, Gaillard Du Soler avait, au dire de Jean Colom, alors maire de la ville, annoncé à ses amis, dans des conciliabules tenus tant à Bordeaux qu'au dehors, que la volonté bien arrêtée du roi était « de supprimer entièrement la mairie et la Commune »; que, lui-même, il avait obtenu le consentement

1. *Rôles gascons*, t. I, nº 4526.
2. *Ibid.*, nºs 4609, 4646, et Supplément au t. I, p. XCVIII.
3. *Recog. feod.*, nºs 425-446.
4. Rymer, à la date du 17 septembre 1256.
5. *Livre des Coutumes*, p. 515.

du roi, de la reine et du prince Édouard à ce coup d'État; enfin qu'on enverrait un sénéchal résolu à l'appuyer[1]. Gaillard avait-il menti ou s'était-il vanté d'un pouvoir qu'il n'avait pas? En fait, non seulement le roi protesta pour la seconde fois contre les desseins qu'on lui prêtait, mais il ordonna au maire (20 mai 1259) de faire arrêter Gaillard et les siens et de les lui envoyer sous caution[2]. Que se passa-t-il alors? Sans doute, Gaillard se plaignit d'une arrestation, d'une détention arbitraires, car nous savons que le maire (c'était alors Arnaud Caillau) et les jurats furent sommés à comparaître devant le roi, à Paris, le jour de sainte Catherine (25 novembre), puis à Londres, à la quinzaine de la Purification. Ils s'excusèrent en disant que cette sommation était illégale et qu'elle avait excité à Bordeaux une vive indignation, car « ils n'étaient nullement tenus d'aller en ces pays pour une affaire quelconque; c'est à Bordeaux et dans le diocèse qu'ils devaient faire et recevoir la justice[3] ». Sur ce point de droit, ils avaient raison. Pendant ce temps, Gaillard Du Soler était en Angleterre. A Wy, dans le Kent, il promit au prince Edouard (19 novembre 1259) d'observer fidèlement les conventions passées autrefois avec lui « sur le fait de la mairie », de ne point faire la paix avec ses ennemis personnels sans l'assentiment du prince « et en particulier sur ce qui concernait son arrestation et sa détention », de ne pas, sans son assentiment, contracter de mariage, ni lui, ni ses enfants, avec les « Colombins » et leur parti[4]. N'est-ce pas justement le contre-pied des mesures ordonnées par le roi d'Angleterre depuis cinq années?

Qu'il y ait eu, au moins pendant un temps, des tiraillements entre le roi et son fils, le fait n'est pas douteux. Les difficultés qui viennent de renaître à Bordeaux sont contemporaines de la révolution qui ébranla l'organisation monarchique en Angleterre et l'on sait que, pendant les premiers mois de l'année 1260, le prince Édouard s'associa au parti de son oncle, le comte de Leicester, contre son propre père. Mais ce désaccord dura peu. Le père et le fils se réconcilièrent. La lettre du 14 juin 1260, analysée plus haut, me paraît antérieure à cette réconciliation, parce qu'elle est copiée dans une autre lettre, datée du 12 juillet, où le roi évolue manifestement vers la politique de son fils.

1. *Rôles gascons*, t. I, Supplément, p. C.
2. *Ibid.*
3. Lettre du 30 janvier 1260 dans Shirley, *Royal letters*, t. II, p. 137.
4. *Rôles gascons*, t. I, Supplément, p. CI.

Cette lettre du 12 juillet[1] est adressée « à tous les bourgeois de Bordeaux ». Le roi y rappelle d'abord que les chefs des deux factions, Gaillard Colom et Gaillard Du Soler, ont remis leurs différends à son arbitrage; mais la faction Colom, abusant du pouvoir que lui donnait la possession de la mairie, a rompu la paix. Etant en désaccord avec le maire, le roi s'arme des pouvoirs qu'il s'est réservés dans son rôle d'arbitre : il envoie son clerc, Jean de Lalinde, et lui confère, avec le sénéchal et à l'exclusion du maire, les mêmes pouvoirs qu'exerçait auparavant le sénéchal avec le maire, les Deux cents[2] et la Commune. Il ordonne en conséquence au sénéchal et à Jean de Lalinde, « avec les deux cents élus ou qu'ils éliront eux-mêmes et avec la Commune », de faire exécuter la sentence royale, de faire rendre justice à Gaillard Du Soler et de lui faire obtenir satisfaction « au sujet des pertes et des dépenses qu'il a subies à l'occasion du crime dont il a été faussement et malicieusement accusé, au mépris du roi et de son fils ». Enfin, une manœuvre des Colom les perdit définitivement dans l'esprit du roi : ils avaient essayé « de faire leur paix avec les Du Soler sans demander l'assentiment royal »! Cités par quatre fois à comparaître devant le roi pour y soutenir leurs imputations, les accusateurs de Gaillard Du Soler avaient fait quatre fois défaut; en conséquence, le 14 novembre, le roi déclara Gaillard Colom coupable et Gaillard Du Soler absous[3].

C'est alors que le prince Édouard se rendit lui-même en Gascogne. Ce nouveau séjour allait avoir les conséquences les plus graves en ce qui concerne les libertés communales de Bordeaux.

V. — *La constitution communale de 1261 et le Rôle de la ville de Bordeaux.*

Une lettre écrite de Windsor le 7 août 1261 peut être considérée comme contenant les instructions du roi à son fils[4]. Elle expose la situation juridique de la royauté à l'égard des factions rivales, met Gaillard Du Soler hors de cause et ordonne au

1. *Ibid.*, t. I, Supplément, p. CII.

2. Il s'agit ici des Deux cents mentionnés plus haut, p. 29, dans la lettre royale du 21 janvier 1251.

3. *Rôles gascons*, t. I, Supplément, p. CII.

4. Shirley, *Royal letters*, t. II, p. 177, cf. *Rôles gascons*, t. I, Suppl., p. CII.

prince d'agir. Édouard va donc réaliser le dessein pour lequel il s'était depuis longtemps assuré le concours des Solériens, c'est-à-dire la suppression de la mairie élective.

Les statuts qu'il promulgua « pour la réforme de la ville et de la Commune de Bordeaux » (19 ou 22 octobre 1261) sont connus depuis longtemps[1]. Le prince rappelle d'abord que « les jurats et prud'hommes de la Commune » lui ont concédé le droit « de leur donner un maire comme il lui plaira et que ce maire percevra, au nom du prince, tous les revenus de la mairie, tant en émoluments de justice qu'en autres droits; il prélèvera sur ces recettes les dépenses nécessaires à la mairie ». Viennent alors les statuts eux-mêmes; les articles se suivent en assez bon ordre. On peut distinguer ceux qui établissent les droits et obligations de la ville et ceux qui garantissent les droits du roi.

I. Le maire est nommé par le prince (art. 1). Une fois nommé, il prête « en présence du peuple », dans la cathédrale de Saint-André, sur les Évangiles et les reliques, le serment ordinaire : il promettra de défendre de tout son pouvoir les droits du roi où qu'ils soient, dans les limites de la ville ou au dehors (art. 3). Les contestations relatives au domaine royal seront jugées à Bordeaux même et conformément à la loi. Chaque jurat prêtera le même serment après le maire (art. 3). Tout bourgeois devra posséder à Bordeaux une maison, l'habiter avec sa famille comme font les autres bourgeois (art. 7); les chevaliers ou damoiseaux ne pourront devenir bourgeois sans l'autorisation du prince (art. 13). Les noms des bourgeois seront inscrits dans leur paroisse; on en fera des rôles en double expédition, dont l'une pour le prince, l'autre pour la Commune; chaque nouveau citoyen sera inscrit sur le rôle de la paroisse où il aura élu domicile (art. 8). La Commune doit au souverain l'ost et la chevauchée (art. 16). En matière judiciaire, tout bourgeois peut être cité en justice devant le prince ou son mandataire, sans que le maire puisse s'y opposer; s'il a géré une bailie ou une ferme et que le prince ait une réclamation à faire, le bourgeois peut être cité devant le prince dans le diocèse de Bordeaux ou en Gascogne; dans les autres cas, il ne peut être traduit en justice hors de la ville (art. 12, 15).

1. Dans le *Livre des Bouillons*, ils portent la date du 19 octobre; le manuscrit de Wolfenbüttel (*Recog. feod.*, n° 449) et celui de la Cottonienne marqué Julius E 1 étant d'accord pour donner celle du 22 octobre, cette dernière paraît devoir être préférée.

II. Quant au prince, il crée le maire. Il a des droits qui sont inaliénables. Le maire et les jurats sont tenus de lui signaler tous les empiétements, anciens ou récents, qu'on aurait pu faire à son détriment (art. 4). Il juge devant sa cour, sans que le maire puisse réclamer, tous ceux qui seraient accusés d'avoir falsifié son sceau ou altéré sa monnaie (art. 5). Le prince ou son sénéchal désignera un clerc, payé par la Commune, pour veiller au maintien de ses droits; il sera d'ailleurs subordonné au maire et aux jurats (art. 6). Dans chaque paroisse, deux jurats ou autres « bons hommes » seront élus chaque année pour veiller au maintien de ses droits sur la coutume des vins (art. 9). Le prince pourra faire construire un château dans la ville, à condition d'indemniser les propriétaires expropriés (art. 14). Ses gens, ceux du sénéchal et ceux du connétable ou de toute personne demeurant dans le château royal (l'Ombrière), sont protégés contre toute parole injurieuse de la part des bourgeois; le maire doit remettre lui-même le coupable au château, où il sera jugé suivant les fors et coutumes de la ville (art. 10); si ce sont des gens du château qui se rendent coupables d'injures ou de violences envers les bourgeois, le prince ou le sénéchal doit les juger sur la réquisition du maire (art. 11). — Enfin les statuts pourront être révisés par des « personnes discrètes », clercs et laïcs. Les corrections, additions, etc., seront notées par écrit et, du tout, on fera trois « livres » : un pour le prince, un second pour la Commune; le troisième sera déposé dans une des grandes églises de Bordeaux (art. 18).

Cette constitution fut ratifiée par les jurats et prud'hommes le 19 décembre 1261[1]. Elle entra aussitôt en vigueur. La liste des maires montre que ce magistrat fut rarement pris parmi les bourgeois ou du moins parmi les familles notables de la ville; d'autre part, il ne demeura, comme par le passé, guère plus d'une année en charge.

Il nous reste à produire un document qui appartient à l'époque dont on vient d'esquisser l'histoire : c'est cette portion du *Livre des Coutumes*[2] qui porte le titre particulier de *Rolle de la Vila*. Comme tout le *Livre des Coutumes*, il est rédigé en dialecte gascon. Quand et à l'aide de quelles sources a-t-il été rédigé? C'est ce qu'on pourra le mieux voir et dire quand on en connaîtra les articles, qui sont au nombre de quatre-vingt-quatre.

1. *Recog. feod.*, n° 413.
2. Pages 274-309.

Je ne les analyserai pas tous, laissant de côté ceux qui se rapportent au droit pur et appelant uniquement l'attention sur ceux qui concernent l'organisation municipale.

Bordeaux a un maire. Le maire est élu par les jurats (art. 2). Il lui est interdit de briguer ses fonctions auprès du roi ; toute démarche en ce sens, directe ou indirecte, l'expose à être traité comme parjure au profit de la Commune (art. 1). Il reste en charge pendant un an ; il est rééligible, mais seulement après trois années révolues (art. 1). Il touche un traitement annuel de 1,000 s. bordelais ; mais il lui est interdit de rien recevoir de personne, sauf de menus objets qu'il doit montrer aux jurats et que ceux-ci peuvent lui reprendre. Toute infraction à cette loi est punie d'une amende de 1,000 s. et de la confiscation des sommes indûment perçues (art. 3). Si le maire viole la constitution et les établissements de la Commune, il subira une peine, double de celle qui frapperait pour la même cause un jurat, car il doit donner l'exemple de la légalité (art. 9). Il ne peut prendre part à l'élection des jurats (art. 2).

Il y a cinquante jurats, élus pour une année (art. 4). A leur sortie de charge, ils en élisent cinquante autres (art. 2 et 5). C'est à eux qu'il appartient, en outre, d'élire le maire (art. 2). En entrant en charge, ils doivent jurer, devant toute la Commune, de gouverner la ville bien et fidèlement, c'est-à-dire de rendre à tous bonne justice et d'élire un maire fidèle au roi (art. 5). Ils veillent à ce que le maire ne reçoive rien de personne en dehors de son traitement annuel (art. 3). Si un jurat viole la constitution et les établissements de la ville, il subit une peine double de celle qui frapperait un simple membre de la Commune (art. 9) ; s'il a reçu de l'argent dans une affaire soumise à la Jurade, il sera frappé d'une amende de 65 sous et condamné à restituer les sommes indûment perçues (art. 12). Aucun jurat ne peut, pendant toute la durée de sa charge, acheter ni prendre à cens une rente appartenant à la Commune (art. 64). La personne des jurats est inviolable. Si un jurat en frappe un autre hors de la Jurade, il sera conduit enchaîné à la maison du maire et mis à la merci du compagnon qu'il aura frappé, puis il sera banni pour huit jours de la ville, et, à son retour, il paiera une amende de 6 l. 10 s. S'il l'a frappé dans la Jurade, il sera conduit enchaîné à la maison du maire où il restera enfermé toute la nuit et le jour suivant, puis remis au compagnon qu'il aura frappé; bannissement de huit jours et, au retour, amende de 13 livres (art. 10). Pour le reste, les jurats ne sont pas traités autrement que les simples citoyens; s'ils se plaignent d'un homme de la Commune, la cause est portée devant le tribunal municipal (art. 11).

Le maire et les jurats, constituant la Jurade, sont à la tête de la ville, qui doit « être et rester perpétuellement dans leur main » (art. 4). Le premier acte de leur gestion est de jurer fidélité au roi (art. 4). Ils élisent chaque année trente conseillers (art. 6) et ils commandent à trois cents bourgeois chargés du maintien de la paix (art. 7). Quand les bourgeois sont appelés en armes contre les malfaiteurs, c'est eux qui donnent l'ordre de chevaucher (art. 21); le bourgeois défaillant est mis à leur merci. Ils sont donc les chefs de la police municipale. Ils règlent en commun les affaires de la ville; les délibérations sont secrètes. Le jurat convaincu d'avoir violé ce secret ne peut à l'avenir être maire ni jurat (art. 8). D'autre part, leurs décisions sont souveraines; il est défendu à un bourgeois de les calomnier ou de leur faire opposition dans la Commune (art. 35). L'homme qui aurait ainsi contredit le maire et les jurats serait arrêté sur-le-champ et livré à leur merci (art. 45). Ils ordonnent les dépenses de la ville; si les recettes ordinaires ne suffisent pas, ils peuvent établir une contribution, mais celle-ci doit rester volontaire (art. 73). Enfin, ils forment un tribunal dont la compétence est variée et étendue : ils interviennent dans les procès pour dettes (art. 28 et 30) et dans les contrats (art. 40). En matière criminelle, toute plainte contre un malfaiteur doit être portée devant leur tribunal (art. 25); le voleur qui a dérobé un Bordelais doit être traduit devant leur tribunal, même s'il est un homme du dehors (art. 20). Ils peuvent de même intervenir pour éteindre l'action contre un étranger coupable d'avoir frappé ou blessé un bourgeois (art. 55), mais ils ne peuvent le mettre en liberté provisoire (art. 82). En fait de procédure, leur compétence est limitée en matière de preuve : dès qu'il y a gage de bataille, la cause doit être portée au tribunal royal (art. 49). — Le refus de comparaître devant leur tribunal est puni de graves pénalités (art. 25, 28); le bourgeois qui quitterait la ville dans un accès d'orgueil est puni par la confiscation de ses biens; sa peine est aggravée s'il a fait tort à un bourgeois. La confiscation sera maintenue tant qu'il ne sera pas venu à merci (art. 44). Les jugements prononcés par eux sont irrévocables (art. 22), donc sans appel devant une cour supérieure.

Au-dessous de la Jurade et dans son étroite dépendance se trouvent les Trente et les Trois cents.

Trente prud'hommes, bourgeois de Bordeaux, sont élus chaque année par le maire et les jurats. Ils doivent aider ceux-ci à gouverner la ville, c'est-à-dire à les conseiller dans les cas douteux; ils sont tenus de leur obéir et de garder fidèlement leurs secrets (art. 6).

Trois cents prud'hommes[1], bourgeois de la ville, sont élus chaque année (on ne dit pas comment). Sous les ordres du maire et des jurats, ils sont chargés de maintenir la paix et d'assurer la sécurité, à toute heure et en tout lieu (art. 7).

A côté de la Jurade, du Conseil et des Trois cents, le Rôle fait aussi une certaine place à la Commune.

La Commune est l'ensemble des bourgeois ayant le droit de cité. Le bourgeois ou citoyen s'oppose à la fois à l'homme du dehors et à l'étranger, c'est-à-dire à ceux qui, même habitant Bordeaux, ne jouiraient pas des privilèges de bourgeoisie, tels que les clercs, les nobles, etc. (art. 28). La communauté des bourgeois (*Communia*) n'a pas de pouvoirs politiques : il lui est interdit de faire publiquement opposition au maire et aux jurats (art. 45). Elle n'exerce aucune juridiction. Mais elle prend part à certains actes de la vie communale, soit pour agir, soit pour témoigner. Elle peut être appelée par le roi à fournir le service d'ost et de chevauchée (art. 39, 21), à marcher en armes contre des malfaiteurs et, dans ce dernier cas, elle reçoit les ordres du maire et des jurats (art. 21). Quelle part prend-elle aux élections municipales? Le texte ne le laisse pas entendre clairement; mais, pendant la période électorale, sa sécurité est protégée d'une façon spéciale (art. 74, 75). Elle peut recevoir des serments ou fournir des témoignages; c'est devant elle, par exemple, que le jurat, soupçonné d'avoir révélé les secrets de la Jurade, peut venir se purger par serment (art. 8); c'est devant elle que le jurat prévaricateur peut être convaincu d'avoir reçu de l'argent à propos d'un procès soumis à la Jurade (art. 12). En cas d'assassinat, c'est le maire et la Commune

1. On a mentionné plus haut pages 29 et 33 un corps de 200 bourgeois; est-ce le même organe avec des chiffres différents?

qui, le crime une fois prouvé, décident si le meurtrier doit être enseveli sous le mort (art. 41). Sans avoir aucun pouvoir politique, administratif ni judiciaire, la Commune est donc nécessairement associée à la vie politique et administrative de la cité.

La date à laquelle a été rédigé le *Rolle de la Vila* peut être déterminée avec une assez grande précision. Tout d'abord, comme il y est sans cesse question du maire, il ne peut être antérieur aux premières années du XIIIe siècle; d'autre part, il y est dit que le maire est élu chaque année par les jurats; donc il ne peut avoir été rédigé après le nouveau statut du 22 octobre 1261. Mais on peut rapprocher davantage ces limites extrêmes : d'après le *Rolle de la Vila*, le maire ne peut être réélu qu'après un intervalle de trois années accomplies après sa sortie de charge. Or, si l'on consulte la liste des maires, on constate que cette règle a été suivie entre les années 1230 et 1258 environ. Ainsi, tandis qu'Amaubin d'Aillan a été maire pendant quatre années consécutives (1222-1225), Raimond Moneder a été élu en 1230, 1234 et 1238; Vigouroux Viger ou Beguer en 1232 et 1236; Guillaume Gondaumer en 1243 et 1247; Guillaume-Raimond Colom en 1245, 1250, 1254, 1258. D'autre part, il n'y a, durant cette période d'une trentaine d'années, aucun exemple d'un maire ayant été réélu avant trois années révolues. Après 1258, et sans doute sous l'empire du statut de 1261, on ne voit plus reparaître cette périodicité, si caractéristique. C'est qu'évidemment le *Rolle* a été rédigé à cette époque-là. Peut-on serrer la question encore de plus près? L'article 39 spécifie que le service militaire est dû seulement dans les limites du diocèse; serait-il téméraire de penser qu'il a été rédigé après que le roi eut reconnu formellement cette liberté aux Bordelais (25 février 1243)? Voici deux faits datés avec plus de précision encore : à l'art. 81, il est question de nasses (*cotinas*) et de perches qu'il était interdit de placer dans le lit de la Gironde, parce que la Commune avait racheté ces emplacements en 1244. L'art. 84, relatif à des travaux pour la régularisation des eaux de la Devèze, parle de ceux qui avaient été exécutés « au temps où Guillaume-Armand Moneder fut maire pour la première fois », c'est-à-dire en 1248. Si l'art. 84, qui est le dernier du *Rolle*, n'est pas une addition postérieure, il faut en conclure que ce *Rolle* a été rédigé en 1248 au plus tôt.

Ici je me heurte à une objection présentée par M. Barckhausen[1]. L'éminent érudit a relevé exactement les articles à date certaine; mais il fait cette remarque qu'ils ne se rencontrent pas dans plusieurs rédactions du *Livre des Coutumes*, et en particulier dans celle du *Livre velu* de Libourne. La rédaction des manuscrits conservés aux archives municipales de Bordeaux est en quatre-vingt-quatre articles ; celle de Libourne n'en compte que soixante-quinze. Manquent, dans le *Livre velu*, les articles 76-81 et 84, parmi lesquels figurent précisément ceux qu'on a mentionnés « à raison des dates, explicites ou implicites, qui s'y rencontrent ». Le *Livre velu*, d'après lui, contient donc une rédaction plus ancienne que celle des mss. de Bordeaux et rien n'interdit de croire d'abord que ce ne soit la rédaction primitive, « la constitution originaire de notre commune » ; or, cette commune ayant existé dès les premières années du XIIIe siècle (et c'est un des mérites de M. Barckhausen d'avoir mis le fait hors de contestation), le *Rolle de la Vila* nous donne « la forme originaire, pure ou à peu près, de la loi municipale de Bordeaux vers 1200 et quelques ».

Ce raisonnement ne m'a pas convaincu. Il repose en partie sur des termes trop peu précis, tels que : rédaction *primitive*, constitution *originaire*. L'argument tiré des manuscrits n'est pas irréfutable. Libourne, ville neuve créée vers 1270, a certainement emprunté ses coutumes à Bordeaux ; d'autre part, l'absence des articles précités peut s'expliquer autrement que par l'hypothèse de M. Barckhausen. On remarque en effet que ces articles règlent des cas intéressant exclusivement la ville de Bordeaux. Quoi de plus naturel que le copiste, transcrivant pour Libourne le *Livre des Coutumes*, ait justement omis les articles qui concernent les nasses de la Gironde ou les eaux de la Devèze? Je tiens donc pour vraisemblable que le *Rolle de la Vila* a été rédigé entre 1230 et 1261, peut-être même après 1244 (art. 81) ou après 1248 (art. 84); il représente à mes yeux plutôt les institutions municipales que se donna la seconde génération des bourgeois organisés en commune que celles de la première.

Sur un autre point, plus important d'ailleurs que celui-ci, je

1. *Note sur le texte et l'origine des statuts primitifs de la commune de Bordeaux*. Extrait des publications de la *Société archéologique de Bordeaux*, t. XIII, p. 60-68.

me trouve en parfait accord avec M. Barckhausen ; il a bien montré les emprunts faits par le rédacteur du *Rolle de la Vila* aux *Établissements de Rouen* : « une dizaine d'articles », dit-il, « contenant des dispositions presque identiques, se rencontrent dans les statuts de notre commune et dans ceux des trois villes [Rouen, Poitiers, Bayonne] que nous venons de citer ». Une comparaison minutieuse des quatre-vingt-quatre articles du *Rolle de la Vila* et des cinquante-cinq articles des *Etablissements de Rouen* donne des résultats plus probants encore, puisqu'elle permet de constater des emprunts manifestes en quatorze endroits. Qu'il suffise pour le moment de signaler l'art. 30 du *Rolle de la Vila*, concernant la manière de procéder suivie par le créancier qui veut se payer sur les biens de son débiteur : il est incomplet dans toutes les rédactions qui nous sont parvenues, mais la fin qui manque est donnée par l'art. 26 des *Établissements de Rouen*.

Les différences entre les deux textes ont été mises en bonne lumière par M. Barckhausen ; je me contenterai d'y renvoyer le lecteur.

Une d'elles est de telle nature que Giry a refusé d'admettre Bordeaux parmi les villes qui reçurent les *Etablissements de Rouen*. Elle concerne l'organisation communale elle-même : à côté du maire (art. 6), Bordeaux a cinquante jurats qui élisent chaque année trente conseillers ; à Rouen, il y a cent pairs qui élisent chaque année douze échevins et douze conseillers (art. 2). Mais cette différence est-elle essentielle? Ne porte-t-elle pas sur des chiffres plutôt que sur le fond des choses? La jurade bordelaise et l'échevinage normand ne sont-ils pas très semblables? D'un côté, cinquante jurats qui élisent trente conseillers ; de l'autre, cent pairs qui élisent douze échevins et douze conseillers. Les Trente de Bordeaux et les Vingt-quatre de Rouen prêtent le même serment de tenir secret ce que leur confieront ici (à Rouen) le maire, là (à Bordeaux) le maire et les jurats. La peine qui frappe le maire pour avoir violé les établissements de la commune est la même dans les deux cas. Sans doute, Rouen ne possède pas le corps des Trois cents, et il est vrai qu'à Rouen le maire est choisi par le roi sur une liste de trois candidats, tandis qu'à Bordeaux il est élu directement par les jurats, ce qui est un très grand point. Mais pour qui a suivi, année par année pour ainsi dire, dans les documents le développement de l'histoire bordelaise depuis le début du XIIIe siècle, il ne peut y avoir de surprise. C'est à elle-même que Bordeaux doit ses institutions municipales; ce n'est pas au roi, comme ce fut le cas, par exemple, pour Bayonne et pour Saint-Emilion. Les *Établissements de Rouen* étaient la forme d'organisation communale la plus répandue dans les provinces françaises soumises aux Plantagenets; Bordeaux l'adopta, mais en lui imposant les modifications qui cadraient le mieux avec le nombre de ses citoyens et leur esprit d'indépendance.

VI. — *Bordeaux de 1261 à 1294.* *Les factions et la restriction des libertés communales.*

Pendant les dix dernières années du règne de Henri III, il semble que la vie municipale de Bordeaux se soit déroulée dans le calme. Le maire est toujours nommé par le prince Édouard, qui le prend à dessein hors des vieilles familles[1]; et cela continua quand Édouard fut devenu roi : en 1274, le maire était un Toulousain et un légiste : maître Bernard Gaitapui; sans doute un jurisconsulte était-il nécessaire pour présider à la vaste enquête qui est consignée dans les *Recogniciones feodorum*. La « reconnaissance » faite au nom de Bordeaux n'a pas été transcrite dans le registre qui est aujourd'hui conservé à Wolfenbüttel; elle se trouve dans le *Livre des Coutumes*[2]. Il convient de l'analyser[3].

Voici d'abord la procédure qui fut suivie : le 22 février 1274, étant à Lectoure, le roi envoya au maire et à douze notables bourgeois l'ordre de s'assembler en sa présence à Bordeaux le dimanche avant les Rameaux (18 mars) et de se tenir prêts à déclarer « les fiefs » que la ville « tenait de lui », ainsi que les « services et devoirs » que les bourgeois devaient lui faire « à

1. Un de ces maires, Jean de Lalinde, avait été clerc du prince; deux autres, Henri de Cusances et Fortaner de Casenave, étaient des chevaliers, qui furent aussi sénéchaux de Gascogne. Dix maires se succèdent de 1262 à 1272, ce qui fait pour chacun d'eux une moyenne d'une année; mais deux au moins ont été maintenus en charge pendant plus d'un an : Pons Dantun (20 avril 1268-15 février 1270) et Pierre Gondaumer (13 août 1272-15 juin 1274). Ce dernier était un Bordelais nommé en l'absence du prince Édouard.

2. Pages 503-511. Publié aussi, mais en partie, dans les *Coutumes du ressort du parlement de Guyenne*, 1769, t. II, p. 301-306.

3. Je me permets de reprendre ici ce que j'ai déjà dit dans l'Introduction aux *Recogniciones feodorum*.

raison de ces fiefs ». Puis le sénéchal, Luc de Thanney, manda au maire, de la part du roi, « de faire annoncer à son de trompe dans la ville que tout homme, tenancier du roi à un titre quelconque, vînt en personne dire les fiefs qu'il tenait de lui et les services qu'il lui devait à raison de ces fiefs; en outre, que tout possesseur d'alleu vînt aussi déclarer les alleus qu'il possédait ». Le maire et les douze prud'hommes, nommés par lui, se présentèrent en effet, au jour dit, devant le roi, qui résidait dans le palais de l'archevêque, et devant le sénéchal. « Ils se réunirent dans la nef de la cathédrale en présence d'un grand nombre d'abbés et de prieurs, de barons et de conseillers des villes et terres du Bordelais, ainsi que d'autres parties de la Gascogne, sans compter un grand nombre de personnes, laïques et ecclésiastiques. Là en langue vulgaire, devant le sénéchal parlant au nom et au lieu du roi, devant toute la cour susdite, le maire, en son nom personnel, au nom des jurats et des douze prud'hommes, au nom de toute la communauté des bourgeois, exposa clairement, distinctement et véritablement tout ce qui est mentionné plus bas en langue latine. Puis il le fit lire en latin, bailler et livrer au sénéchal à titre de réponse. »

Cette « reconnaissance » comprend trois articles principaux : 1° ce que la communauté déclare posséder avec l'assentiment du roi; 2° les obligations dont elle est tenue envers lui; 3° les droits du roi sur les terres des Bordelais, même sur les alleus.

Le premier point débute par une protestation de principe que l'on retrouve dans la plupart des constitutions urbaines de la Guyenne : « Quand le roi visite pour la première fois son duché, il doit jurer, s'il vient de sa personne à Bordeaux, sinon faire jurer par son sénéchal, qu'il nous défendra, nous et la cité, contre toute injustice; qu'il maintiendra nos droits et coutumes »; ensuite les bourgeois lui jurent, à lui et au sénéchal, fidélité. Puis on aborde le terrain même de la déclaration : « Il faut savoir que notre cité n'a ni terres ni possessions communes, comparables à celles qu'ont les cités lombardes et beaucoup d'autres; en tant que communauté, nous n'avons rien du roi en fief, car, d'après notre coutume, il n'y a fief que là où il y a esporle ou investiture. Mais nous avons de lui, parce qu'il est prince et seigneur, l'usage des rues et des places, des padouents, des murs et des fossés, en un mot, de tout ce qui, en droit, est dit appartenir à la communauté; de même l'usage du fleuve pour la pêche, pour la navigation et pour toutes les nécessités de la vie; la pleine liberté pour nos personnes et pour nos biens; le droit d'avoir un maire, des jurats et un prévôt municipal. Ceci, le roi nous l'a donné. »

A ces droits, correspondent des devoirs : « Nous devons défendre la ville de tout notre pouvoir, le jour et la nuit. Nous devons au roi le service militaire dans les conditions suivantes : si le roi mande son armée et assiège quelque château, tout chef de maison doit le rejoindre, quand il en a reçu l'ordre par lettres patentes, dans les huit jours qui suivent la réception de cet ordre. Si le roi est présent, le chef de maison doit le suivre en personne ou se faire représenter par son frère, son fils ou son neveu; si le sénéchal seul est présent, le chef de maison doit le suivre ou se faire représenter par un sergent. Les Bordelais doivent ce service dans les limites du diocèse et durant quarante jours de suite par an. »

Les Bordelais reconnaissent le roi comme leur prince et seigneur, mais ils ne sont pas ses vassaux. « Sans doute il y a parmi nos voisins[1] des particuliers qui, croyons-nous, tiennent des terres en fief spécial du seigneur roi; ceux-là ont été sommés publiquement de venir devant lui pour déclarer leurs fiefs et les obligations de leurs tenures »; mais, pour Bordeaux, ce fait est l'exception. La règle est que les propriétés des bourgeois sont des alleus. « Nos maisons et nos vignes sont pour la plupart allodiales, quels que soient leurs propriétaires, gens d'église ou bourgeois; elles peuvent être tenues en location sans perdre leur caractère allodial. Le propriétaire peut à son gré louer ces terres ou les habiter, les vendre ou les morceler, en un mot en faire ce qu'il veut sans nulle contrainte. C'est pourquoi l'on appelle ce mode de propriété un alleu, mot qui, selon le témoignage de nos anciens, veut dire « sans consentement[2] ». Il en a été ainsi dans notre ville dès ses plus lointaines origines. L'usage s'en est perpétué, même au temps des Sarrasins, comme

1. « Sunt quidem homines singulares, confines nostri, qui, ut credimus, tenent aliquas terras in feudo speciali a domino rege » (p. 508). Ces « homines singulares » sont sans doute des individus, des seigneurs isolés, distincts par conséquent des bourgeois liés entre eux par le serment communal.

2. Je traduis comme je puis le texte : « Quedam sunt allodiales, que tenentur ad manum ipsorum dominorum qui... faciunt de ipsis pro suo libito voluntatis, ita quod non oportat eos facere verbum alieni de eisdem; inde dictum est *allodium;* et antiqui nostri refferunt quasi *sine sermone* » (p. 508).

nous le croyons. Aussi prions-nous le roi de le faire toujours observer à l'avenir, d'autant qu'il ne porte aucune atteinte à ses droits ni à ceux de ses prédécesseurs. » Pour être naïve ou obscure dans sa forme, cette distinction entre l'alleu qui remonte à l'antiquité et le fief né « au temps des Sarrasins » n'est pas complètement dénuée de justesse.

Dans la troisième partie de leur déclaration, les Bordelais s'efforcent de montrer que ce mode de propriété assurait d'ailleurs au roi de notables avantages : « S'il est vrai que ces alleus ont existé et existent depuis les temps anciens, le droit du roi quant à ces alleus, dans les terres qui relèvent directement de lui et dans les terres de ses barons, où il y a aussi beaucoup d'alleus, comporte de nombreux avantages dont nous allons exprimer quelques-uns. Tout d'abord, les barons, les princes et ceux qui tiennent d'eux des droits de justice appliquent ces droits quand il y a délit ou convention, aussi bien dans les alleus que dans les fiefs ; c'est le droit commun des fiefs comme des alleus. » — Autrement dit, les propriétaires d'alleus, tout comme les détenteurs de fiefs, sont soumis à la juridiction de leurs seigneurs et, par conséquent, du roi, s'ils sont dans la directe du roi. — « En second lieu[1], les seigneurs et les princes ont, à l'égard des alleus, trois droits particuliers : 1° si une cause est portée devant le seigneur justicier en matière féodale, l'affaire est renvoyée au tribunal du suzerain ; si c'est un alleu, la cour sera celle du souverain à qui reviendront les émoluments de justice et l'exécution des arrêts, ce qui n'est pas sans rapporter au prince honneur et profit ; 2° si celui qui possède à la fois des fiefs et des alleus vient à mourir sans testament ni légitime successeur, les alleus restent au prince et les fiefs sont dévolus aux seigneurs mouvants, ce qui est grandement et manifestement avantageux pour le prince ; 3° si une faute a été commise, assez grave pour entraîner la confiscation des biens, les alleus du coupable sont attribués au fisc et les fiefs aux seigneurs mouvants. Il est donc clair comme le jour que les princes ont et peuvent retirer des alleus beaucoup d'avantages. Si le seigneur souverain retire de tels avantages des alleus aussi bien que des fiefs, nous pourrions dire, sans que personne s'en émeuve, que toutes les personnes et les terres sont

1. « Rursus, non est obmittendum quod dictum (*sic*) et principes circa allodia tria jura specialia habent... » (p. 509). Au lieu de *dictum*, il faut lire *domini*, leçon donnée par deux mss.

et doivent être d'égale condition; nous n'irons pas cependant jusque-là. Nous n'admettons pas d'ailleurs que tous les hommes et toutes les terres soient naturellement libres, ni que le servage soit contraire au droit commun, qu'il ait été imposé [par un acte de violence]. [Nous nous en tenons à ce qui est] et, puisque les bourgeois de Bordeaux ont joui d'une telle liberté et d'une telle condition, eux et leurs terres, nous supplions qu'ils y soient maintenus sans changement. »

La langue employée par le rédacteur de cette déclaration est gauche et le latin en est barbare; on ne saisit pas toujours sa pensée; mais on comprend aisément pourquoi il se donne tant de peine pour expliquer les caractères et, ce qui était plus difficile, pour démontrer au roi et à ses légistes les avantages de la propriété allodiale, si différente du système plus généralement appliqué des tenures. L'esprit réaliste des Bordelais se manifeste encore quand ils entreprennent de réfuter certaines théories sur la liberté naturelle et l'origine du servage qui ne tendaient à rien de moins qu'à bouleverser la condition actuelle des terres et des personnes. Elles n'étaient pas nouvelles, puisqu'on les trouve déjà dans le Digeste, et, comme le droit romain n'avait jamais sans doute complètement été aboli dans la région bordelaise, on pouvait craindre qu'il ne fût invoqué avec une force subversive. Par intérêt bien entendu comme par politique, les Bordelais se défendirent de vouloir les invoquer.

En 1276, soit deux années après la « reconnaissance », éclata entre le maire et les jurats qu'appuyait le sénéchal, d'une part, et, d'autre part, l'archevêque et le chapitre de Saint-Seurin, un conflit de juridiction qu'il importe d'exposer[1]. Disons tout de suite que nous en connaissons le détail uniquement par les plaignants, à savoir l'archevêque (Simon de Rochechouart, 1275-1279) et le doyen du chapitre, maître Jean de Gaillan. Voici ce qu'ils racontent : le dimanche avant la Conversion de saint Paul (28 juin 1276), le maire, Brun « de Saya », les jurats et la Commune vinrent, après en avoir délibéré, avec des trompes et des cors, à la sauveté ou « bourdelage[2] » de Sainte-Croix, dans l'intention de nuire

1. *Livre des Bouillons*, p. 424 et suiv.

2. *Ibid.* : « ad salvitatem, sive burd. dicte ecclesie... » (p. 425), et plus bas : « altam et bassam justiciam burdeg. seu salvitatis predicte ». Le mot abrégé est celui de *burdegagium* pour *burdelagium*; il désigne le pouvoir exercé par

au doyen et au chapitre. Ils affirmaient que le doyen avait fait mettre à mort, sans en avoir le droit, deux frères condamnés à la potence. A la demande du maire et des jurats, ainsi que de toutes les personnes présentes qui réclamaient une satisfaction pour l'injustice commise, le doyen promit, sur sa parole de prêtre, en son nom et au nom du chapitre, de faire ce qu'ordonneraient sur le point de droit le connétable et le maire. Ayant accepté ces conditions, le maire, sans faire cette fois aucun tort au doyen ni au chapitre, se retira et fit son rapport au sénéchal qui, le même jour, était arrivé dans la ville. Le sénéchal blâma le maire de sa timidité. Le lendemain (29 juin), la cloche communale, les trompettes et les cors des hérauts convoquent le peuple, au vu et au su du sénéchal qui aurait pu empêcher ce tumulte, puisque c'est lui qui nomme et dépose le maire[1]. Le peuple armé vient attaquer le bourg de Sainte-Croix; les maisons appartenant à cette église et où demeurait le doyen sont envahies; le blé et le vin qui s'y trouvaient en grande quantité, l'argent, les livres, les habits, la cire, les viandes, les coffres, tout le mobilier sont brisés, répandus sur le sol ou emportés; puis les maisons sont brûlées, les arbres fruitiers et les vignes arrachés. Ces dégâts et d'autres encore se montèrent à la somme de trois mille marcs d'argent. Quant au sénéchal, ainsi qu'il l'a reconnu lui-même, il assista à ces scènes de désordre sans rien faire, sans rien interdire, sans rien vouloir réparer. On alla même jusqu'à dire que tout avait été exécuté par son ordre, avec sa connivence ou son consentement. — Et voici la série des griefs dont se plaint l'archevêque : depuis la susdite fête de la Conversion de saint Paul, le sénéchal a fait, avec des barons, des chevaliers, des maires de communes convoqués à Bordeaux pour cet objet, une conjuration ou ligue illicite[2], ayant pour but d'empêcher un laïc de traduire un autre laïc devant une cour ecclésiastique; ils prétendaient juger les causes séculières, bien que l'archevêque et son église eussent, depuis les plus anciens temps, le droit de traduire des laïcs devant leur tribunal en toute sorte d'actions personnelles. Le sénéchal a fait déci-

les autorités de la « sauveté » sur le bourg qui en dépend et, par extension, le bourg lui-même.

1. « Presente quoque eodem senescallo... et patiente, cum prohibere posset,... cum idem senescallus eundem majorem... ponat et removeat. »

2. Page 427 : « fecit conjurationem, obligationum prohibitam »; au lieu de *obligationum*, il faut lire *colligationem*, comme page 435.

der que nul clerc ne devait être entendu devant une cour ecclésiastique avant d'avoir juré au préalable de ne pas empêcher la cause d'être portée devant un tribunal séculier. Pour mieux assurer l'observation de ces statuts, le sénéchal a fait prêter serment aux barons et aux communautés; il a fait lever parmi eux une taille et collecte avec engagement de la continuer pendant trois ans jusqu'à concurrence d'une somme de 1,500 marcs d'argent, et même davantage.

Ces plaintes nous intéressent très directement, puisqu'elles mettent en question la compétence du tribunal municipal de Bordeaux. Au point de vue politique, il est à noter qu'elles sont adressées non pas au roi d'Angleterre, mais bien au roi de France, « sous la garde spéciale duquel l'archevêque est placé avec les siens[1] ». Cette procédure d'appel à la justice du seigneur souverain dans les cas où celle du suzerain immédiat (en l'espèce le roi d'Angleterre en sa qualité de duc de Guyenne) paraissait insuffisante aux plaideurs était une des conséquences du traité de 1259. Elle va prendre désormais une place de plus en plus grande dans les années qui suivront. Elle était grosse de conséquences.

En cour de France, le maire, en son nom et au nom des jurats, la communauté de la ville et les jurats représentés par un procureur ou « syndic », le sénéchal en son nom personnel nièrent que les déclarations contenues dans la lettre de l'archevêque et du doyen fussent l'expression exacte de la vérité, et ils contèrent la chose tout autrement. Enfin, des amis étant intervenus, les parties tombèrent d'accord pour régler le différend de la manière suivante : le sénéchal, le maire, les jurats et la communauté de la ville, tout en protestant de leur innocence, s'engagèrent à payer à l'archevêque, au doyen et aux chanoines une indemnité de 6,000 livres de monnaie bordelaise, plus 1,000 livres de deniers tournois; une partie de cet argent servirait à élever un autel dans l'église Saint-Seurin en l'honneur de saint Paul, dont la fête avait été profanée, à fonder une rente pour faire brûler perpétuellement quatre cierges sur le maître-autel, à faire construire une châsse en argent pour y placer le corps de saint Amand[2] et une « petite chapelle » d'argent pour y enfermer dignement le corps du Christ, etc. Divers

1. Page 430 : « Supradicta denunciat dictus archiepiscopus domino regi Francie, de cujus speciali gardia existit cum suis. »

2. Évêque de Bordeaux au ve siècle.

dons, prélevés sur l'indemnité, devaient être distribués à la cathédrale et à d'autres églises dans la ville et dans les faubourgs. Enfin, en manière d'expiation, deux processions seraient faites par le maire et les jurats dans la ville, sans ceinture et sans coiffe : l'une de Saint-Éloi à Saint-Seurin, l'autre de Saint-Seurin à Saint-André. — Sur le point de droit, le sénéchal, par révérence envers l'Église et pour le bien de la paix, déclara expressément qu'il révoquait toute mesure contraire à la manière dont la justice avait été jusque-là rendue par l'archevêque, renonçant en ce qui le concernait aux serments qu'il avait fait prêter : tout homme, clerc ou laïc, pourra s'adresser à son gré aux tribunaux ecclésiastiques ou séculiers, conformément à l'usage.

Cette transaction (7 juillet 1277) donnait pleine satisfaction à l'archevêque et au doyen. Elle réservait l'approbation du roi de France qui la donna, du moins « en tant que l'accord touchait ou liait les parties[1] »; mais le roi d'Angleterre ne se résigna pas à l'échec infligé à son représentant en Gascogne. Le sénéchal dut protester devant le Parlement de Paris contre l'amende qu'on lui infligeait et demander jour « pour répondre à toutes les plaintes qu'on pourrait élever contre lui[2] ». L'affaire fut renvoyée à une autre session[3]. Nous en ignorons la suite.

On ne saurait dire davantage s'il existe un rapport direct entre cette affaire et deux autres, qui sont encore mentionnées dans les arrêts prononcés par la cour de France. « Dans le procès entre l'official et le maire de Bordeaux », lit-on dans le premier cas, « il a été arrêté par la cour qu'il lui plaisait qu'un accord intervînt entre les deux parties, en réservant le droit du roi de France[4] ». Dans le second cas, nous lisons : « L'amende obtenue par le doyen de Bordeaux contre Rostein Du Soler a été taxée à 3,000 livres tournois, c'est à savoir : pour les injustices commises pendant sa mairie[5], 2,700 livres à la charge de la Commune; pour les injustices commises par ledit Rostein et ses frères après sa sortie de charge, 300 livres tournois qu'il devait payer de sa bourse[6]. »

1. *Bibliothèque de l'École des chartes*, 1887, p. 542. Cf. Champollion-Figeac, *Lettres de rois et reines*, t. I, p. 200.
2. *Bibliothèque de l'École des chartes*, 1887, p. 544.
3. *Ibid.*, p. 546.
4. *Ibid.*, p. 553.
5. En 1280-1281.
6. *Olim*, t. II, p. 230. Cf. *Archives du Parlement de Paris*, t. I, p. 237.

Pendant ces conflits avec l'Église, la cité paraît avoir vécu en fort bons termes avec l'État.

A Luc de Thanney, qui était sénéchal de Gascogne lors de la transaction du 7 juillet[1], le roi n'avait pas donné de successeur immédiat; il avait envoyé deux commissaires extraordinaires : l'évêque de Bath et Wells et Otton de Grandson[2]. En ce qui concerne Bordeaux, le passage de ces commissaires est notable en ce qu'il coïncide avec la restitution aux Bordelais du droit d'élire leur maire. « Ici », lit-on dans la liste des maires qui a été transcrite dans le *Livre des Coutumes* en regard du nom de Bernard d'Aillan[3], « le roi d'Angleterre rendit la mairie ». Les prédécesseurs immédiats de Bernard d'Aillan étaient étrangers à la ville. Ainsi, après le légiste toulousain Bernard Gaitapui, avaient été nommés : un commerçant anglais établi à Bordeaux, Henri Le Gallois, puis un chevalier, Brun « de Saya », puis Guitard de Bourg, chevalier également et sire de Verteuil. Après Bernard d'Aillan, au contraire, les maires portent sans exception des noms bordelais : Pierre Estève, Rostein Du Soler, Simon Gondaumer, Pierre Du Soler, Jean Colom, Arnaud Moneder, Pierre Colom, Bernard Ferradre. Évidemment, un changement s'était opéré dans la politique royale, sans qu'il nous soit possible d'en pénétrer la cause. On voit le roi exprimer sa reconnaissance à ceux qui avaient aidé et conseillé ses deux commissaires[4]; approuver et féliciter Guitard de Bourg, ancien maire, de s'être entremis avec succès pour faire cesser les discordes entre les factions rivales; approuver des mariages conclus entre elles, tout en désapprouvant d'autres alliances d'une nature préjudiciable à l'autorité royale[5]; remercier le maire et les prud'hommes d'un généreux subside qu'ils venaient de lui accorder pour la guerre contre les Gallois[6]; puis ces bons sentiments se refroidissent et, dans le *Livre des Coutumes*, en face du maire marqué à l'année 1288, on lit ces mots : « Et alors le roi d'Angleterre prit la mairie en sa main. » Heureusement, le

1. On a transcrit sur le *Livre des Coutumes* (p. 446) un mandement de ce sénéchal et du connétable, Adam de Norfolk, concernant les privilèges des bourgeois quant à leurs vins et aux biens des personnes mourant sans héritier et sans testament (15 août 1277).

2. *Rôles gascons*, t. III, p. XXII.

3. Page 405.

4. *Rôles gascons*, t. II, n°s 208 et 209.

5. *Ibid.*, n° 210.

6. *Ibid.*, n° 696.

rédacteur ajoute aussitôt la cause de cette disgrâce : « parce qu'après l'élection de Bernard Breuter trois des jurats, en désaccord avec la majorité, en avaient appelé, et le roi nomma Jean de Boria[1] ». Ce qui rendait l'affaire très grave aux yeux d'Édouard Ier, c'est que l'appel était adressé au roi de France. A Jean de Boria (ou de Burne) succéda Thomas de Sandwich, chevalier (1288-1289), et, sous ce nouveau maire, un conflit plus grave encore éclata.

Jean de Havering avait été nommé sénéchal en mai 1289[2]. Comme on l'a déjà vu, tout nouveau sénéchal devait, à son arrivée à Bordeaux, d'abord prêter le serment de défendre la ville et de respecter ses privilèges. A ce serment, les bourgeois répondaient par celui de fidélité envers le roi. Or, Jean avait pris tout de suite des mesures d'administration avant d'avoir accompli cette cérémonie nécessaire[3]. Les Bordelais indignés « appelèrent du sénéchal devant le roi de France pour défaute de droit[4] ». Le maire, Thomas de Sandwich, fut déposé, peut-être par le roi de France, au moment sans doute où Édouard Ier lui donnait un successeur[4]. Le 13 juin, en effet, celui-ci notifiait « aux jurats et à la commune de toute la cité de Bordeaux[5] » qu'il leur donnait pour maire Pierre Itier, chevalier, « pour tout le temps qu'il lui plairait ». Mais il est probable que ce dernier n'entra même pas en fonction, car son nom ne se trouve pas sur la liste des maires et ne se rencontre dans aucun acte administratif. En fait, au lieu d'un maire, la ville eut un « gouverneur », et les Bordelais qui étaient intervenus dans l'appel furent traités en ennemis : le roi fit arrêter leurs marchandises en Angleterre[6]. Des troubles éclatèrent, pendant lesquels le prévôt royal de l'Ombrière fut maltraité[7] et auxquels sans doute prit une part active le chef de la puissante maison des Colom. Un rapport adressé à Édouard III par le sénéchal Olivier d'Ingham

1. Page 406.
2. *Rôles gascons*, t. III, p. LIV.
3. *Bibliothèque de l'École des chartes*, 1889, p. 42.
4. *Livre des Coutumes*, p. 406.
5. Il était encore en charge le 7 juin 1289 (*Rôles gascons*, t. II, n° 1638).
6. *Rôles gascons*, t. II, n° 1021.
7. *Bibliothèque de l'École des chartes*, 1889, p. 42. Ajouter deux lettres de Raimond de Lafarière à l'évêque de Bath et Wells pour lui recommander deux bourgeois qui n'avaient pas figuré dans l'appel (*Ancient Corresp.*, t. XXII, nos 121 et 122). La première de ces lettres est du 1er novembre 1289. Cf. *Rôles gascons*, t. III, p. LV.

sur la conduite perfide d'un autre Colom[1], précisément le fils de celui qui nous occupe en ce moment (ils s'appelaient Jean l'un et l'autre), nous apprend, en termes malheureusement trop peu précis, que ledit Jean Colom, « afin de pouvoir livrer la ville au roi de France[2] », se mit, lui et tous les siens, sous la sauvegarde de ce dernier. Mais le sénéchal affirma au roi de France que le parti du roi d'Angleterre était plus puissant à Bordeaux que celui de Jean Colom; le fait ayant été reconnu exact, le roi de France renonça, paraît-il, à prêter la main aux coupables intrigues de Jean Colom.

Enfin, le jour des saints Innocents (28 décembre 1289), en présence de Pierre de Bafougne, notaire apostolique, de Pierre Robert et de nombreux témoins, « la Commune de la cité de Bordeaux ayant été convoquée, suivant la coutume, au son des trompettes et de la cloche, se réunit à Saint-Éloi. Interrogée par le gouverneur[3] et par le notaire, elle répondit tout d'une voix, sans rencontrer d'opposition, qu'elle poursuivra l'appel interjeté par le procureur de la communauté, ou en son nom, pour défaute de droit, contre messire Jean de Havering, chevalier du roi d'Angleterre, duc de Guyenne, se disant sénéchal dudit roi et duc, par-devant le roi de France et sa cour ». En conséquence, elle constitua comme procureurs maître Guillaume Vidau et Bernard de Montlaur, clercs, Vital Pansa, Bonafous Cotet le Roux, Gaillard Mosset et Raimond Léon, bourgeois de Bordeaux ». Observez ces noms; ne dirait-on pas qu'ils sont portés par des hommes nouveaux? Les chefs des grandes familles étaient tout à l'heure auprès du roi; que s'était-il donc passé?

La première comparution devant le Parlement eut lieu à la quinzaine de l'Épiphanie (21 mars 1290). Là étaient présents Vital Pansa et Bernard de Montlaur, agissant pour la Commune, Maurice de Craon et Raimond de Laferrière, doyen de Saint-Seurin, pour le roi d'Angleterre; mais l'affaire ne fut pas terminée dans cette session[4]. Au mois de juin, Thomas de Sandwich assista au « jour des barons » à Paris et le roi d'Angleterre ordonna (20 juin) que, « si ledit Parlement lui restituait la pos-

1. *Rôles gascons*, t. III, nos 1992 (13 décembre 1291) et 2007 (3 avril 1292).

2. Document analysé par M. Funck-Brentano dans le *Moyen âge*, 1897.

3. Vital (ou Vidau) Pansa est déjà nommé avec ce titre dans un acte du 3 novembre 1289 (Brutails, *Liste des maires*, p. 8).

4. « Les gens du roi de France n'eurent alors aucune expédition, ni pour cette affaire ni pour aucune autre » (*Rôles gascons*, t. II, p. 551, note).

session et juridiction de la mairie de Bordeaux », Thomas retournerait dans cette ville, y reprendrait son office pendant au moins quinze jours, puis, après cette prise de possession, cèderait la place à Pierre Itier, que le roi « investissait de nouveau de la dignité de maire[1] ». Le procès dura jusqu'en 1291. Les gens de Bordeaux ayant enfin renoncé à leur appel, Édouard Ier « recouvra la mairie » et nomma Pierre Dumas après que Pierre Daussuré[2] eut terminé son année[3].

Rentré à Bordeaux, le sénéchal fit pendre et traîner Vital Pansa, l'ancien gouverneur, « qui était le plus grand meneur et le plus grand conseilleur que Jean Colom eût en ce temps-là[4] ».

Comme on voudrait pouvoir, à l'aide de ces notions fragmentaires, donner l'enchaînement logique des faits! Que d'anneaux nous manquent pour en reconstituer la suite! La discorde déchire de nouveau la cité sans que nous puissions dire pourquoi; et voici que la guerre franco-anglaise vient encore compliquer une situation déjà singulièrement troublée.

VII. — *Bordeaux de 1293 à 1303. L'occupation française.*

Je n'ai pas à retracer les causes du différend anglo-français en 1293-1294[5]. Il suffira de rappeler que, dans l'espoir d'arrêter la citation à comparaître devant le Parlement de Paris pour crime de forfaiture, Édouard Ier consentit à « résigner » ses terres d'Aquitaine (3 mars 1294). Son frère Edmond transmit aussitôt au lieutenant du roi en Guyenne et au sénéchal l'ordre de livrer aux gens du roi de France les villes fortes et les châteaux désignés dans le traité qui avait été passé entre les deux rois. Comme pour la reconnaissance de 1274, nous avons la bonne fortune de suivre, dans des pièces officielles, ce qui s'accomplit à Bordeaux.

D'après les instructions que leur apporta maître Jean de Lacy[6], le lieutenant du roi, Jean de Saint-John, et le sénéchal, Jean de Havering, étaient chargés de notifier au connétable du roi de France qu'ils lui remettraient la possession du château royal dans les trois villes de Bayonne, de La Réole et de Bordeaux;

1. *Rôles gascons*, t. II, n° 1799.
2. Nommé par le roi de France.
3. *Livre des Coutumes*, p. 406.
4. Voir plus haut, note 2 de la page 52.
5. Voir la préface au t. III des *Rôles gascons*.
6. Champollion-Figeac, *Lettres de rois et reines*, t. I, p. 406.

les maires, prévôts, baillis et autres fonctionnaires municipaux seraient maintenus « en lor estat » ; mais à condition d'obéir « a celi qui demorra en chacun desditz lieus por le roi de France durant la seisine ». Bordeaux en effet fut livrée le 22 mars 1294. Le procès-verbal de la cérémonie a été soigneusement consigné sur les registres de l'Hôtel-de-Ville[1].

Ce jour donc, lundi avant l'Annonciation de Notre-Dame[2], Raoul de Clermont, sire de Nesle et connétable de France, étant de sa personne à Bordeaux en l'église cathédrale, mit « en la main nue » du roi de France le château de la ville; puis il enjoignit au sénéchal d'ordonner aux jurats de la Commune de prêter le serment d'obéissance et de fidélité « pour tout le temps que le roi de France tiendrait et voudrait occuper le château et la cité de Bordeaux, ainsi que la terre du duché de Guyenne ». En conséquence, le sénéchal requit le serment des jurats. Ceux-ci, au nombre de trente-sept (leurs noms nous sont parvenus), et trois procureurs des maire et jurats demandèrent d'abord la permission d'en délibérer. Peu après, ils revinrent devant le connétable et déclarèrent qu'ayant été jusqu'à ce jour sous la sujétion immédiate du roi d'Angleterre, l'ordre du sénéchal n'était pas suffisant pour les obliger à rompre leurs anciens serments[3]. Le sénéchal ayant alors produit l'injonction d'Edmond d'Angleterre[4], les jurats et les procureurs s'inclinèrent, avec cette réserve que les privilèges, libertés, us et coutumes, statuts de la Commune seraient maintenus, et aussi que leur serment serait précédé par le serment du nouveau souverain[5]. Le connétable en effet jura le premier qu'en sa qualité de lieutenant du roi de France il leur serait un maître bon et fidèle, qu'il maintiendrait leurs droits et privilèges, qu'il les défendrait de tout son pouvoir et qu'il rendrait justice égale à tous, pauvres et riches. Cela fait, les jurats, chacun en son nom personnel et pour ses successeurs, au nom de toute la communauté des habitants, jurèrent, en touchant les saints Évangiles, d'être fidèles et obéissants au roi de France, à ses officiers, à ceux qu'il nommerait maire de la ville et sénéchal de Gascogne, de leur donner aide et conseil, de défendre virilement et légalement l'honneur

1. *Livre des Coutumes*, p. 456, et *Livre des Bouillons*, p. 400.
2. *Livre des Coutumes*, p. 457.
3. *Livre des Coutumes*, p. 459; *Livre des Bouillons*, p. 402.
4. *Livre des Coutumes*, p. 464.
5. *Livre des Bouillons*, p. 402-403.

et la personne du roi de France, d'observer enfin tous les points qui, par droit ou par coutume, étaient compris dans le serment de fidélité. En garantie de leur parole, ils obligèrent tous les biens de la Commune et la Commune elle-même pour tout le temps que le roi possédera ou voudra tenir dans sa main lesdits château et cité de Bordeaux[1].

Aussitôt, le connétable, au nom du roi de France, nomma maire Girmond de Burlats, chevalier.

Le premier acte de ce transfert de souveraineté était terminé. Voici maintenant le second.

Le 13 avril, mardi avant Pâques[2], Jean de Burlats, chevalier du roi de France, maître des arbalétriers et sénéchal de Gascogne, vint au cloître de la cathédrale. Là, en présence du maire et des jurats, la Commune ayant été convoquée au son des trompettes, il fit lire les lettres[3] par lesquelles le connétable le nommait sénéchal de Gascogne. Après lecture de cette lettre, en latin et en langue vulgaire, il déclara que, se référant à ce qui avait été consigné sur le rôle de la Commune, il était, aussitôt après sa nomination, venu à Bordeaux pour prêter et recevoir les serments d'usage. Posant ensuite la main sur les saints Évangiles et sur la croix, il jura le premier de défendre le maire, les jurats et la Commune, de protéger leurs personnes, leurs biens, leurs coutumes et libertés, les établissements de leur Commune, sauve la foi due au roi de France[4]. Alors, les maire, jurats et Commune prêtèrent serment à leur tour[5]. A une époque où le droit consistait souvent en privilèges particuliers, il importait aux Bordelais de faire confirmer leurs privilèges. Le formalisme dont ils s'entouraient était légitime, et nous devons le respecter.

Ce n'est pas tout. Le 4 juillet, le sénéchal confirma les lettres patentes par lesquelles Henri III avait, en 1235, reconnu la mairie de Bordeaux[6]; mais, comme cette mairie était alors élective, le sénéchal, pour éviter que cette confirmation portât préjudice au roi de France, déclara que ce roi ou son lieutenant aurait le droit de donner à la ville son maire, tant qu'il n'en serait pas ordonné autrement. Par contre, il supprima (10 sep-

1. *Livre des Coutumes*, p. 462; *Livre des Bouillons*, p. 403.
2. Le style observé ici est celui du 25 mars.
3. Données à Marmande le lundi avant les Rameaux (5 avril).
4. *Livre des Coutumes*, p. 462-464.
5. *Ibid.*, p. 465.
6. *Ibid.*, p. 516.

tembre) toutes les restrictions que les gens du roi d'Angleterre avaient apportées à l'exercice de la juridiction municipale dans la banlieue et fit déterminer les limites de cette banlieue[1]. Enfin, Philippe le Bel confirma (novembre 1295) le privilège relatif aux filles dotées, qui avait été concédé par Jean sans Terre[2]; l'extension (en décembre) de la justice municipale dans la banlieue[3]. Ce dernier acte a été parfois célébré sous le nom de « Philippine », comme si c'était l'œuvre de Philippe le Bel et comme si les Bordelais lui en devaient une particulière gratitude[4]. On voit au contraire que cette charte ne fait que confirmer des actes plus anciens, émanés des rois d'Angleterre.

L'occupation française de Bordeaux (comme aussi de toute la Gascogne) était précaire. Bien que toutes les formes légales eussent été respectées, un point demeurait litigieux, et il était fondamental : Édouard prétendait que la cession de la Gascogne devait prendre fin quand auraient été aplanis les différends qui avaient mis les armes aux mains de leurs sujets respectifs. Philippe le Bel considérait l'occupation du pays comme définitive. Cette situation, jointe à d'autres causes que l'on peut imaginer aisément et qui sont inséparables de tout changement de régime politique, ne tarda pas à faire naître un certain malaise et à justifier les précautions prises par le roi de France à l'encontre de ses nouveaux sujets. Ainsi s'explique qu'il ait cru devoir se faire livrer des otages : d'abord huit, qui furent transportés à Marmande le soir de saint Seurin (23 octobre 1294)[5]; puis quatre-vingt-onze qui, par ordre du connétable et de Pierre Flotte, sous-maire, furent, le vendredi avant la Chandeleur, expédiés à Toulouse (28 janvier 1295)[6]. Le jeudi avant saint Grégoire (10 mars), cinquante-quatre autres furent déportés à Carcassonne[7]. Nouvelles arrestations en 1296 : douze bourgeois vont rejoindre leurs compatriotes internés à Carcassonne par ordre du comte d'Artois, « garde du duché pour le roi de

1. *Livre des Bouillons*, p. 25-28; Champollion-Figeac, *Mélanges historiques*, t. II, p. 158; *Arch. histor. de la Gironde*, t. XVI, p. 98.

2. *Livre des Coutumes*, p. 527; *Livre des Bouillons*, p. 34.

3. Champollion-Figeac, *Mélanges*, t. II, p. 158; *Livre des Coutumes*, p. 456; *Livre des Bouillons*, p. 29.

4. O'Reilly, *Histoire complète de Bordeaux*, t. I, p. 704.

5. *Livre des Coutumes*, p. 407. La saint Seurin est le 23 octobre (*Acta sanctorum*, octobre, t. X, p. 64) et non le 21, comme le dit Giry dans son *Manuel de diplomatique*, p. 309.

6. *Livre des Coutumes*, p. 407-408.

7. *Ibid.*, p. 410-412.

France[1] ». D'autres subirent à La Réole une longue détention[2]. Ces rigueurs sont sans doute la conséquence des événements militaires. Car la guerre avait bientôt éclaté entre les deux rois. Une flotte anglaise était à l'entrée de la Gironde vers la fin d'octobre 1294; en mars et avril 1295, Charles de Valois arrivait à son tour près de Bordeaux et Raoul de Nesle, qui commandait en cette ville, voulut sans doute assurer sa domination en faisant arrêter les principaux bourgeois. En mars 1296, une nouvelle armée anglaise faillit enlever la place; mais d'autre part le comte d'Artois, amenant des renforts, tint victorieusement la campagne dans les Landes. Si l'on parcourt les listes des otages qui ont été transcrites sur le *Livre des Coutumes*, on voit aisément qu'ils ont été pris dans les familles de l'aristocratie bordelaise, sans qu'on puisse dire cependant s'ils furent pris dans telle faction plutôt que dans telle autre. Les noms des jurats qui avaient assisté et témoigné au transfert de la souveraineté en 1294 s'y retrouvent; c'est qu'apparemment ils n'avaient pas tardé à regretter leur ancien maître. Ils furent d'ailleurs traités avec dureté; le rédacteur du *Livre des Coutumes* a noté soigneusement ceux des Bordelais décédés en exil : Arnaud Mercer « fut le premier qui mourut à Toulouse et [son corps] fut porté à Bordeaux[3] »; Guillaume de Cassac « mourut à Toulouse et fut enseveli aux Dominicains[4] », etc. Dans une lettre du 23 novembre 1297, le maire, les jurats et la Commune de Bordeaux supplient Philippe le Bel de venir au secours de leurs concitoyens qui se trouvent à Toulouse réduits à un état de misère impossible à décrire et qui, si le roi ne pourvoit à leurs besoins, « seront obligés d'abandonner sa cause[5] ».

La liste des maires durant la brève période de l'occupation française témoigne clairement de la défiance à l'égard des Bordelais. Tous sont du Midi, sans doute, mais étrangers à la région gasconne : Girmond de Burlats, chevalier (1294), Gilbert Alboyn ou Auvin (1295), Guillaume de Rabastèns, chevalier (deux fois, en 1295-1296 et en 1302)[6], Bertrand du Falgar, chevalier (deux fois, en 1296 et en 1300). La seule exception est celle d'Étienne

1. *Livre des Coutumes*, p. 403.
2. *Ibid.*, p. 538.
3. *Ibid.*, p. 408.
4. *Ibid.*, p. 409.
5. *Arch. histor. de la Gironde*, t. I, p. 6.
6. La mairie de Guillaume de Rabastens (W. de Repistagno) est mentionnée dans un acte du 8 juin 1302 (Arch. nat., J. 1146, n° 17).

Dissente ou d'Issente, nom qui se trouve dans la liste des otages de 1294-1296 et qui se rencontre une fois (une seule) en avril 1302 avec le titre de maire. M. Brutails pense qu' « il s'agit vraisemblablement d'un intérim ».

Un an plus tard, les Bordelais avaient secoué le joug des Français.

Sur cet événement, les témoignages, sans être aussi précis qu'on le désirerait, sont assez nombreux et variés; nous avons même celui de deux chroniqueurs. Un moine anglais, Guillaume de Rishanger, dit simplement : « Vers ce temps, les bourgeois de Bordeaux, ne pouvant supporter la domination des Français, les chassèrent de la ville vers la Noël » (1302)[1]. Le Continuateur de Nangis note le même fait avec plus de détails, mais sans date, et il en propose une explication fort embarrassée : « Les Bordelais, qui avaient été jusque-là sous le pouvoir du roi de France, apprenant son retour inefficace de Flandre[2], craignant en outre de voir se réaliser ce que certains annonçaient déjà comme une chose certaine, à savoir que, si la paix se faisait, ils seraient ramenés sous le pouvoir du roi d'Angleterre et traités par celui-ci comme il avait traité autrefois la cité de Londres, chassèrent les Français de Bordeaux et usurpèrent la souveraineté de leur ville[3]. »

Au fait tout nu qui est fourni par ces chroniqueurs, deux pièces de procédure ajoutent des détails circonstanciés, mais trop imprécis encore pour notre curiosité. En 1317, un certain Élie Souciprède, sergent du roi de France, présenta au Parlement de Paris un mémoire[4] où il accusait nettement le chef

1. *Chronica* (collection du Maître des rôles), p. 213. De Guillaume de Rishanger procèdent Nicolas Trevet et Thomas de Walsingham.

2. « Vers la Chandeleur », dit-il un peu plus haut.

3. *Historiens de France*, t. XX, p. 588; cf. le Continuateur de G. de Frachet, *ibid.*, t. XXI, p. 21. — La date de l'événement noté par Nangis n'est pas difficile à déterminer. Elle ressort des faits qui précèdent et qui suivent le passage rapporté plus haut : avant, le chroniqueur mentionne le retour du roi « vers la Chandeleur »; puis la mort du comte de Bourgogne Othelin, qui survint le 17 mars 1303 (Richard, *Mahaut, comtesse de Bourgogne*, p. 4). Après, il mentionne aussi deux faits qui se placent : l'un (défaite des Flamands à Saint-Omer) le vendredi saint; l'autre (arrivée d'ambassadeurs tartares) « dans la semaine de Pâques » de cette même année 1302, c'est-à-dire 1303, n. st. C'est donc en 1303, et plus précisément en mars ou en avril, mais en tout cas avant la semaine sainte, que le Continuateur de Nangis place l'expulsion des Français.

4. Copié par Bréquigny sur les liasses de la Tour de Londres. Bibl. nat., fonds Moreau, t. 660, fol. 70-74.

d'une vieille famille bordelaise, Arnaud Caillau, d'avoir pris la tête du soulèvement. Il le qualifia de « faux et traître » pour avoir rendu aux ennemis (c'est-à-dire aux Anglais) la ville de Bordeaux qu'il avait « en garde et en commende de la part du roi de France », et cela « sans l'assentiment du roi d'Angleterre, du Conseil de la ville, ni de lui-même, Élie ». Pour appuyer sa dénonciation, il offrait de lui « faire bataille tantôt et sans délai », « cors a cors, a armes comunes, partie de champ et de soleil ». Souciprède chargeait en outre A. Caillau de nombreux crimes : après être passé au parti anglais, il avait détroussé les marchands du roi de France, leur infligeant des pertes qui montaient à 30,000 livres; il en avait tué d'autres, même après les avoir relâchés une première fois. Il avait tué ou fait tuer à Bordeaux un avocat du roi de France, après lui avoir fait arracher la langue. Il avait levé [et dépensé] certaine « maltôte » accordée par le roi de France au Commun de la ville pour l'indemniser des otages qu'elle avait dû fournir « pendant dix ans et plus ». Il avait osé maltraiter des fonctionnaires français qui instrumentaient dans le duché, des particuliers qui avaient fait appel à la justice du roi de France. « Souffrirez-vous », avait-il dit un jour qu'un sergent du lieutenant de Périgord avait porté une citation au sénéchal de Gascogne, « que ces Français nous viennent ainsi semondre? » et le malheureux sergent, hissé sur une table qu'on avait placée en porte-à-faux devant une fenêtre, avait été précipité dans la rue. « Puisque vous appelez de nous aux Français », avait-il dit une autre fois, « nous vous tuerons et le roi de France a tant affaire avec les Flamands qu'il ne vous aidera pas. Si la guerre recommence, le roi d'Angleterre prendra la Normandie; et nous, nous vous tuerons si vous ne renoncez à votre appel ». Cette allusion aux affaires de Flandre contribue à prouver que les événements rapportés dans le mémoire de 1317 doivent se placer entre la défaite de Courtrai en 1302 et la revanche des Français à Mons-en-Pevelle (1304). Le soulèvement des Bordelais coïncida donc probablement avec les négociations qui aboutirent à la paix entre l'Angleterre et la France (20 mai 1303). S'il en est ainsi, on comprend que le Continuateur de Nangis ait pu dire que les insurgés « usurpèrent la souveraineté de leur ville », car le roi d'Angleterre n'eût pas commis la faute de forcer l'entrée d'une place qui allait lui être rendue par un acte en bonne et due forme.

Il est douteux que le départ des Français ait laissé à Bordeaux beaucoup de regrets. Les plaintes d'Élie de Souciprède ont été bien tardives et semblent être restées sans écho. D'ailleurs, le 18 juillet 1308, sur les instances du pape Clément V, Philippe le Bel pardonna aux Bordelais leur « rébellion[1] ».

VIII. — *Bordeaux de 1303 à 1340. Les factions et l'intervention royale.*

Le dur régime des Français paraît avoir imposé silence aux factions. Après le rétablissement de la suzeraineté anglaise, elles recommencèrent leur œuvre néfaste, aigries encore par les inimitiés qu'avait fomentées la domination étrangère. C'est ce qu'exprime en termes assez énergiques un mémoire présenté en 1311 au roi Edouard II[2] : « Sachez que, depuis la dernière guerre, votre terre de Gascogne, soit par l'insuffisance de vos agents, soit par l'insubordination présomptueuse des nobles et des puissants du pays, a subi un gouvernement, non pas mauvais, mais détestable; Bordeaux surtout. » Les principaux fauteurs de ces désordres étaient les chefs des familles qui s'étaient déjà disputé le pouvoir au temps de Simon de Montfort et qui avaient abouti à la mainmise sur la mairie par le prince Edouard : celles des Colom, des Du Soler et des Caillau. Ils s'entouraient de gens de sac et de corde, qui étaient à « leur table » et à « leurs robes », c'est-à-dire qui portaient leur livrée, qui étaient nourris dans leur demeure et à leurs gages, formant ainsi une « mesnie » ou « retenance », très semblable à ces bandes armées, à cette « retinue » qu'entretenaient les grands seigneurs anglais vers la fin de la guerre des Deux-Roses. « Chaque année », dit encore le Mémoire déjà mentionné plus haut, « en faisant et en élisant eux-mêmes les cinquante jurats, pris exclusivement dans leur parti, les grands bourgeois, à savoir les Colombins, les Solériens et les Caillaviens, formaient de puissantes factions hostiles. La ville était gouvernée dans le désordre, contre le droit, l'honneur et l'intérêt communs; maîtres du sceau communal, ils scellaient indûment des lettres qui engageaient les finances de la ville. »

1. *Livre des Coutumes*, p. 540. « Cum igitur... sanctissimus pater Clemens, divina providentia summus pontifex, illa desiderans que sunt [ad] salutem et pacem civitatis..., nos pluribus instantiis benigne fuerit exortatus... »

2. Bibl. nat., ms. Moreau, t. 659, fol. 229. Ce Mémoire a été connu par Dom De Vienne, qui en a traduit une partie dans son *Histoire de la ville de Bordeaux*, t. II (1862), p. 207-208.

Après le traité d'Amiens (20 mai 1303), la mairie continua d'être occupée par ce même Arnaud Caillau, qui avait « livré la ville aux Anglais sans le consentement du Conseil[1] ». Il était encore maire le 31 janvier 1304, jour où furent promulgués sous son nom des « établissements » qui ont été transcrits sur le *Livre des Coutumes*[2]. Peu après, il fut remplacé par Amauri de Saint-Amand, chevalier, qui eut maille à partir avec les « Colombins ». Deux frères, dont le nom va maintenant revenir souvent, Amanieu et Jean Colom, un de leurs parents, Guillaume-Raimond Colom, accusèrent ce maire et le sous-maire, Guillaume Rostand, même le sénéchal, Jean de Hastings[3], « de leur avoir causé à eux et à leurs gens de nombreux dommages, des injustices énormes et intolérables[4] ». Puis vint Fortaner de Batz, aussi chevalier[5], qui fut sommé (28 mars 1305) de comparaître en personne à Westminster, avec Arnaud Caillau, ancien maire[6], apportant « les rôles et autres documents relatifs aux recettes et aux dépenses de la mairie » pendant leur gestion[7]. Ce n'était pas un acte de défiance à l'égard de l'un ni de l'autre, puisque, quatre jours plus tard (1er avril), le roi annonçait « aux jurats et à toute la communauté de la ville de Bordeaux[8] » que, « plein de confiance dans la discrétion et la loyauté d'Arnaud Caillau, leur co-bourgeois », il le nommait maire de la ville « sous les mêmes modes et aux mêmes conditions que les maires nommés auparavant par le roi », et il lui assignait « pour ses peines » le même traitement annuel qu'à tous les autres. Arnaud Caillau et Fortaner de Batz se succèdent d'ailleurs, jusqu'à la fin du règne d'Édouard Ier, comme s'ils étaient liés par les mêmes intérêts à la même politique[9]; mais, des deux, celui qui semble avoir joui

1. D'après le témoignage de la lettre du 23 mai 1311, il était du parti des « Colombins ». Mentions de la mairie d'Arnaud Caillau, les 19 mai, 9 juillet, 19 août, 10 septembre et 2 décembre 1303 dans cinq actes conservés en original aux Archives nationales (J. 1146, nos 18, 22, 21, 19 et 20).

2. *Livre des Coutumes*, p. 183.

3. La dernière mention de Jean de Hastings comme sénéchal est du 1er août 1304 (*Rôles gascons*, t. III, p. LXXX).

4. *Rôles gascons*, t. III, n° 4858.

5. Sa mairie mentionnée dans un acte du 18 janvier 1304, v. st. (Arch. nat., J. 1146, n° 23).

6. *Rôles gascons*, t. III, nos 4676, 4677.

7. Arnaud n'était d'ailleurs tenu de rendre ses comptes que « du jour où la ville était revenue à l'obéissance royale ».

8. *Rôles gascons*, t. III, n° 4876.

9. Arnaud est nommé comme maire le 12 mai (*Livre des Coutumes*, p. 622)

de la plus grande faveur auprès du roi est Arnaud Caillau, juste récompense, sans doute, du loyalisme dont il avait fait preuve en 1303; il resta maire jusqu'en mars 1308.

Il eut pour successeur Pierre Caillau. Celui-ci et son frère Bertrand étaient fils de Pierre Caillau de la Rue-Neuve et de Navarre, fille de Bertrand de Podensac, chevalier[1].

Quoique appartenant évidemment à la même famille qu'Arnaud Caillau, ils étaient d'une branche rivale. Arnaud était en effet du parti des « Colombins »; Pierre marchait avec les « Solériens[2] ». Ce dernier ne tarda pas à se signaler par des représailles contre la faction adverse. « Nous et un certain nombre de marchands et d'autres personnes, étrangers et bourgeois », écrivait un peu plus tard la Commune au roi d'Angleterre, « demeurons dans de graves pensées et sommes troublés dans nos esprits parce qu'au temps où Pierre Caillau était notre maire, donné par vous, les plus grands excès furent commis par ses amis et partisans[3]. » Dans une autre lettre d'allure plus équitable, la Commune chargeait aussi lourdement Arnaud que Pierre[4] : « Comme les maires de cette ville, nommés par vous et par notre sire, feu votre illustre père, ont tous été pris dans l'une ou dans l'autre des factions, à savoir Arnaud Caillau dans celle des Colombins et Pierre Caillau dans celle des Solériens; comme chacun d'eux favorisait manifestement son parti dans la justice et dans l'injustice, un nombre infini de meurtres, d'homicides, de rapts et d'autres maux horribles ont été commis à la faveur de l'impunité, si bien que, sous l'administration ou,

et le 14 juin (A. Brutails); Fortaner le 1er octobre (*Rôles gascons*, t. III, n° 6005); Arnaud le 12 décembre 1305 (*Arch. histor. de la Gironde*, t. II, p. 168).

1. Arch. Basses-Pyrénées, E 172, 173. — Pierre Caillau le père avait eu de longs démêlés avec le chapitre de Saint-Seurin et il était demeuré en état d'excommunication pendant dix ans, 1267-1277; il obtint son absolution le 10 avril 1278 (*Ibid.*, n° 173), peu de temps avant de mourir (son testament, non daté, est dans les *Arch. histor. de la Gironde*, t. VII, p. 163). Sa succession était ouverte à la date du 14 décembre 1280 et ses deux fils, en bas âge, étaient sous la tutelle d'Élie Viger de Saint-Pierre (Basses-Pyrénées, E 173, 174). Leur mère, Navarre de Podensac, vivait encore en 1296, époque à laquelle fut réglée la succession de Podensac (*Ibid.*, n° 175, et Arch. nat., J. 1146, n° 19), et en 1303. On lit en effet dans un acte donné à cette dernière date : « La dona Nauarra, filha e hereteira deu senhor En Bertran de Podensac, cauoir, senhor de Podenssac qui fo, e molher d'En P. Calhau de Rua noua » (Arch. nat., J. 1146, n° 19).

2. Mémoire déjà cité du 23 mai 1311.

3. Lettre du 10 mai 1311.

4. Lettre du 23 mai 1311.

pour mieux dire, l'exploitation de ces gens-là, nos propres serviteurs et des bannis, pires encore que les méchants, nous faisaient la loi et il ne s'est trouvé personne qui nous affranchît de leur tyrannie. »

Ces plaintes sont peut-être entachées de partialité; elles ne sont pas imaginaires. En face des excès qu'elles dénoncent, la royauté anglaise paraît être restée passive et comme désarmée. On avait commencé par renvoyer en Gascogne, comme sénéchal, un des bons agents d'Édouard Ier, Jean de Hastings (24 octobre 1309)[1], mais il avait été rappelé peu après pour la guerre d'Écosse et son lieutenant, Amanieu du Fossat, commit la maladresse de suivre une politique de parti, en s'alliant aux « Solériens » qui faisaient cause commune avec les Caillau. Alors les violences recommencèrent : un jour, le maire, appuyé par Gaillard et Pierre Du Soler qui avaient ameuté les bourgeois en faisant sonner le tocsin, alla donner l'assaut à la maison d'Amanieu Colom; un autre jour, il enleva le sceau communal aux amis de celui-ci et il en profita pour sceller des actes préjudiciables, dirent ses ennemis, aux intérêts de la ville; une autre fois, à la Pentecôte, il assaillit un sergent du roi de France sous la protection duquel s'étaient placés ses ennemis et lui livra une bataille qui dura toute la journée. Ils attaquèrent le lieutenant du sénéchal qu'ils firent prisonnier, des femmes, des gens du métier; plus de trois cents artisans durent s'enfuir. A la suite d'un de ces méfaits, la ville fut mise en interdit; défense fut faite de chanter la messe, d'ensevelir les morts dans le cimetière. Un millier de personnes environ, tant bourgeois qu'étrangers, souffrirent de cette déplorable situation[2]. Les Colom, suivant leur politique traditionnelle, en appelèrent alors en cour de France à la fois contre le maire et le sénéchal. Pour parer au danger que cet appel pouvait faire courir à ses droits en Guyenne, Édouard II décida (18 août 1310) l'envoi de deux commissaires : l'évêque de Norwich et Jean de Bretagne, comte de Richmond, auxquels furent adjoints Gui Ferre et Guillaume Ingue[3].

1. *Rôles gascons*, t. III, p. LXXIX.

2. Tout ceci est tiré des plaintes (en gascon) contre Caillau et son frère Bertrand (juin 1310); elles sont dans le fonds Moreau de la Bibliothèque nationale, t. 659, p. 187-194, et ont été copiées sur le registre de la bibliothèque Cottonienne marqué Julius E 1, fol. 232 v°-235 v°.

3. Sur cette mission, voir la thèse de Mme Lubimenko intitulée : *Jean de Bretagne, comte de Richmond* (1908), p. 81 et suivantes.

Ces commissaires paraissent avoir réussi à organiser dans Bordeaux un tiers-parti, qui prétendit bientôt représenter la Commune et parmi lesquels se trouvaient un certain nombre de marchands ; ils lui donnèrent pour chef un seigneur gascon, Otton de Lados, damoiseau. Alors éclata un petit coup d'État (22 février 1311) : Otton fut nommé maire ; les cinquante jurats donnèrent leur démission et l'on décida qu'à l'avenir, au lieu d'être choisis par les chefs de parti, ces magistrats seraient, comme dans le temps passé, élus par le peuple. L'élection aurait lieu le premier dimanche de Carême, époque plus favorable, assurait-on, que ne l'était auparavant la fête des saints Jacques et Christophe (25 juillet). Dans l'Hôtel-de-Ville envahi, les vainqueurs s'emparèrent du sceau communal qui fut brisé publiquement en présence d'Otton de Lados et l'on fit fabriquer un sceau nouveau. « En raison des nombreux excès et extorsions commis par le greffier, maître Élie de Pommiers », il fut déposé publiquement et privé à perpétuité dudit office et Raimond Léon fut à sa place constitué greffier de la Commune pour toute sa vie. Alors on fit proclamer par la voix du héraut la paix, la justice, la sécurité pour la personne et les biens des marchands, des étrangers et des bourgeois, tant à Bordeaux qu'ailleurs dans le duché et au dehors.

S'il fallait en croire les auteurs de cette révolution, elle aurait eu pour objet principal de défendre les droits du roi d'Angleterre. En effet, Otton de Lados, « homme prévoyant et sage et qui n'appartenait à aucune des deux factions », avait cru devoir faire arrêter deux sergents de Gaillard Du Soler et celui-ci, dans sa fureur, avait fait appel au roi de France, bien qu'il eût dû appeler directement du maire au roi d'Angleterre ou à son sénéchal ; c'est alors que le maire et la Commune, « voyant que l'admission de cet appel eût été un grand danger ; que, par ce moyen, les Français pourraient obtenir la seigneurie immédiate de la ville » ; que d'ailleurs presque tous les jurats et les fonctionnaires municipaux étaient « appelants ou partisans des appelants », eurent recours à la force. A les en croire cependant, tout s'était passé en douceur : les jurats avaient abandonné leurs fonctions de bon gré et sans réclamer d'indemnité ; ils avaient remis volontairement le sceau de la ville ; Elie de Pommiers avait été déposé « publiquement et sans opposition de sa part ». Jean Colom et ses frères avaient approuvé hautement la réforme, bien qu'ils eussent, eux aussi, dénoncé au Parlement de Paris la conduite d'Otton de Lados. Quoi qu'il en soit, cette révolution se justifiait par ses résultats, faisant régner pendant un temps la paix et la justice.

C'est alors qu'intervint Amanieu du Fossat. Il présenta au peuple de Bordeaux (9 avril) des lettres royales datées du 18 janvier précédent qui l'investissaient de l'office de maire. Les Bordelais refusèrent de le reconnaître. C'était, disaient-ils, « un des principaux amis et partisans de Gaillard Du Soler; il avait en outre montré beaucoup de négligence dans ses fonctions de sous-sénéchal, laissant impunis un grand nombre de meurtres et d'homicides ». Nouvelle difficulté pour le parti au pouvoir. Il avait maintenant à justifier, non seulement sa conduite dans la révolution du 22 février, mais en outre « le retard apporté à l'admission du nouveau maire ». Il fit son apologie dans deux longs mémoires (10 et 23 mai), qui sont parvenus jusqu'à nous et d'où sont tirés tous les détails de ce récit[1]. Le second mémoire où il prodiguait, comme dans le premier du reste, les formules d'humilité et de loyalisme les plus déférentes envers l'autorité royale, concluait par cette prière adressée à Édouard II : « Sans vouloir porter atteinte à votre pouvoir ni au respect que nous vous devons, nous avons décidé de ne pas admettre ledit sire Amanieu jusqu'à ce que nous ayons pu faire connaître à votre magnificence et à votre chère domination notre situation tout entière, celle de votre ville et les conditions où se trouve le seigneur Amanieu; vous priant de nous pardonner si nous l'avons récusé et de nous accorder pour maire Otton de Lados. » Par une lettre du 8 octobre, le roi remercia les jurats et la Commune des nouvelles qu'ils lui avaient fait transmettre, déclara qu'il renvoyait la décision de l'affaire au sénéchal qu'il allait envoyer en Gascogne et, provisoirement, qu'il consentait à laisser Otton de Lados exercer ses fonctions.

C'est sans doute peu après qu'il faut placer la révolte de Jean Colom. Sans doute, il avait été chercher des partisans au dehors, puisque c'est avec Raimond de Limoges, Bernard de l'Église, etc., qu'il envahit la mairie, enleva les clés et le sceau de la Commune. Cependant, sa conspiration échoua, peut-être par suite de l'arrivée de Jean de Ferrières, qui avait été nommé sénéchal le 24 janvier 1312. Alors il eut recours à la fourberie : il conseilla aux jurats de ne point prêter au nouveau sénéchal

1. Moreau, t. 659, fol. 236. — Cf. Baldwin, *The king's Council* (1913), p. 377 et 466.

le serment d'usage et au sénéchal de ne point recevoir celui des jurats, s'ils refusaient d'employer une formule qu'il voulait leur imposer ; puis le sénéchal marcha en armes contre la ville et les rebelles durent demander la paix. Un d'eux, Pierre Beguer, de La Rousselle, fut, malgré l'appel interjeté au Parlement de Paris, condamné à mort et exécuté[1]. Enfin, pour tirer vengeance de ses ennemis, Jean Colom fomenta une insurrection qui fut heureusement réprimée par le sénéchal Gilbert Pecché (1316).

Cependant, l'appel en cour de France avait été maintenu. Le 6 novembre 1312, le roi avait envoyé aux évêques d'Exeter[2] et de Norwich des instructions pour les réponses à faire au prochain Parlement de Paris[3]. L'affaire reparaît en 1317, sans qu'on puisse dire par quel chaînon cette nouvelle instance se rattache à la précédente[4] : le 13 janvier, le roi de France ordonne au sénéchal de Périgord « d'assigner au prochain Parlement le sénéchal du roi d'Angleterre, le maire et les jurats de Bordeaux qui, malgré l'appel, avaient banni Élie Souciprède, sergent du roi et bourgeois de Bordeaux, et saisi ses biens ». Deux jours plus tard (15 janvier), Philippe V écrivait : « S'il est constant qu'Arnaud Caillau, bourgeois de Bordeaux, a été plusieurs fois cité devant les sergents du roi dans la sénéchaussée de Périgord pour répondre aux imputations soulevées contre lui par Élie de Souciprède, qui offre d'en faire la preuve par le duel, ledit Arnaud sera, sous peine de bannissement, sommé de se présenter au jour de la sénéchaussée du plus prochain Parlement ». Un an plus tard, les sergents du roi reçurent encore (20 janvier 1318) l'ordre d'assigner Arnaud à comparaître « le troisième jour des prochaines assises à Domme qui commenceront le jeudi après la chaire de saint Pierre[5] à l'effet de fournir audit Elie un assurement légitime ». Elie, de son côté, affirmait bien haut qu'Arnaud était « faus et traitres » et le provoquait en duel, au nom de Dieu et de saint George !

Quelle suite eut l'affaire? Dans une lettre d'Édouard II à Phi-

1. *Bibl. de l'École des chartes*, 1889, p. 64.
2. Et non d'Auxonne, comme l'a dit Dom De Vienne.
3. Rymer, à la date.
4. *Actes du Parlement de Paris*, nos 4553, 4558, 4590, 5138 (où il est question d'Arnaud Caillau), 5155, 5557 (où Arnaud Caillau est appelé *Arnal Cartuli*).
5. Il s'agit de la chaire de saint Pierre à Antioche (22 février); la chaire de saint Pierre à Rome (18 janvier) n'a été établie que sous Paul IV.

lippe V (30 mars 1318)[1], on lit d'abord cette déclaration, si importante au point de vue juridique et politique : « bien que la juridiction immédiate sur tous les procès concernant nos sujets dans le duché d'Aquitaine appartienne à nos serviteurs agissant en notre nom, et que ces procès ne doivent être portés ni traités à votre cour, le sénéchal de Périgord et ses agents pénètrent dans notre duché et ne cessent d'y exercer la juridiction immédiate ». Puis viennent les faits particuliers : les gens du sénéchal de Périgord « ont cité à comparaître devant vous, dans le Parlement de Paris, à la requête, nous dit-on, d'Elie Souciprède, Arnaud Caillau, notre sénéchal de Saintonge et notre bourgeois de Bordeaux, qui est soumis à notre juridiction et à celle de nos ministres dans le duché susdit ». La chose est-elle tolérable? Édouard II termine cette requête, assez humble de ton, en priant le roi de France d'annuler toute la procédure et d'ordonner au sénéchal de Périgord de se désister de toute poursuite. Quelle qu'ait été l'issue de ce procès, Arnaud Caillau ne cessa d'être en faveur auprès du roi d'Angleterre. Celui-ci l'avait nommé, on vient de le voir, sénéchal de Saintonge. Après la guerre, allumée par l'affaire de Saint-Serdos, et avant le traité de paix qui la termina (31 mai 1325), on lit, dans une lettre adressée à Hugues Despenser, de Bordeaux, au mois de février[2] : « Sire, nostre seignor le roy ad molt besoing a Bordeux d'un bon meyre qui conoysse les genz et soyt diligent por li et por son honur et profit garder ; et aussi d'un bon provost de l'Ombreyre. Et jeo croy, sire, veraymen,... que, en temps de guerre, il ne poet avoyr nulh melhor de Ernaut Cailhau, quar celi est sages et ayme ledit nostre seigneur le roy et son honur et profit, et si ad la conneyssence de les gens de par decea. Et aussint, sire, messire Simon de Montbreton sera molt aprofeitable en la provosté de l'Ombreyre ou en la meyreté de Bordeux, si ledit nostre seignur le roy ne y met Ernaut Cailhau. » Arnaud ne fut point, il est vrai, nommé maire ; mais, dans un mémoire adressé peu après au même Hugues Despenser[3], il était encore signalé parmi les personnes que le roi pouvait employer avec le plus de fruit (16 octobre 1325). Sénéchal, maire de Bordeaux, homme « sages »

1. Rymer.

2. Jules Delpit, *Collection générale des documents français qui se trouvent en Angleterre*, p. 54.

3. *Ibid.*, p. 57.

et qui « ayme le seigneur roy », il pouvait apposer ces titres aux accusations dressées contre lui, ce qui n'est d'ailleurs pas une preuve d'innocence.

Revenons à Jean Colom. De l'année 1316, où Gilbert Pecché avait opposé à ses intrigues une barrière infranchissable[1], jusqu'en 1323, il n'est presque point question de lui. Par un mandement de cette année (2 juillet)[2], Édouard II ordonne que, si les plaintes de Jean Colom, « son valet », sont fondées, si le maire, Raimond de Miossens[3], est justement soupçonné de lui vouloir du mal, il sera, lui et toutes les personnes de sa famille, soustrait à la juridiction du maire, en toute cause, qu'il soit demandeur ou défendeur, et il sera soumis à celle du connétable de Bordeaux. Cet autre fauteur de troubles a donc également réussi à se glisser dans la faveur royale, puisqu'il est devenu son « valet ». Pendant la guerre de 1324-1325, Jean et son frère Bertrand furent de ceux qui se signalèrent en défendant Bordeaux contre les Français[4]. Etaient-ils, sur le tard, passés au parti de l'ordre? C'est du moins eux qui, dans une lettre à Hugues Despenser, dénoncèrent les « mauvais » qui avaient cherché à se révolter contre le roi, qui avaient fait « grant honte et grant domage a la bone gens de Bordeux », en faisant piller et tuer les bourgeois dans quatre ou cinq endroits de la ville en même temps. Dans une maison, ils avaient massacré le chef de famille, sa femme, ses enfants et ses serviteurs; ils y avaient bien volé pour mille livres et commis encore d'autres assassinats et pilleries qui montaient à quatre mille livres[5].

La révolution de palais qui détrôna Édouard II et donna le pouvoir à un adolescent (Édouard III venait seulement d'avoir quatorze ans) parut sans doute à Jean Colom une occurrence favorable à de nouvelles intrigues. En fait, les trois ou quatre premières années du nouveau règne offrent une suite presque inin-

1. Plaintes contre Jean Colom, n° 31. L'original de ces plaintes est conservé au P. Record office, à Londres, *Chancery*, *Misc.*, Bundle 26, n° 18. Copie dans Moreau, t. 660, fol. 175 et suiv. Publication partielle par M. Franz Funck-Brentano, dans le *Moyen âge*, 1897, p. 289-320. Je renvoie au texte de M. Funck-Brentano.

2. Rymer.

3. « R. de Mille sanctis ». M. Brutails le mentionne seulement le 9 août 1323.

4. Moreau, t. 660, fol. 152.

5. Jules Delpit, *loc. cit.*, p. 59-60.

terrompue de guerres intestines[1]. En voici quelques épisodes : un membre d'une des principales familles bordelaises, Jean Guitard, qui était clerc et contrôleur du château royal et qui, en outre, étant « serviteur » du roi, était « sous sa protection et sauvegarde spéciale », pénétra un jour, accompagné du prévôt royal, dans la demeure d'un homme qui lui avait volé certains objets; il voulait, « selon les usages de la ville », les saisir « en la main du roi ». Guillaume d'Aiguille, damoiseau, frère du sire de Montferrand, qui s'était caché dans la maison du voleur, assaillit ledit Jean une épée nue à la main et avec l'intention de le tuer. Jean allait cependant rentrer chez lui, lorsque son adversaire, ayant assemblé une vingtaine d'hommes armés, se jeta de nouveau sur lui en criant : A mort! A mort! Un des compagnons de Guitard faillit être tué; les autres furent victimes de plusieurs tentatives d'assassinat, si bien que Jean n'osait sortir pour exercer les fonctions de sa charge. Le roi ordonna (20 mai 1328) de faire une enquête et de punir les coupables. — Un peu plus tard, Guillaume Sanche du Mirail fut assassiné pendant la nuit, dans sa maison même. Les coupables étaient connus; le maire ne chercha pas à les punir; aussi, « ceux qui avaient fait le coup, les malfaiteurs et félons de tout genre, devinrent-ils plus hardis à perpétrer chaque jour de nouveaux homicides, vols et crimes, ce qui troublait la paix royale et jetait la terreur dans le pays ». Un rapport fut adressé au roi qui le transmit au sénéchal, avec ordre de suivre l'affaire (10 août). — Le 15 février 1330, le roi renvoya au sénéchal une pétition présentée par Bonet Du Soler, frère de feu Bernard Chicat, bourgeois de Bordeaux; on y expose les faits suivants : les meurtriers de Bernard Chicat, tué traîtreusement, avaient été cités solennellement à comparaître devant le maire et les jurats; ils avaient été prévenus « à son de trompe, aux carrefours de la ville, comme c'est la coutume à Bordeaux »; mais ils avaient pris la fuite. Le maire et les jurats avaient alors prononcé contre eux la peine de bannissement. Le frère de la victime demanda en conséquence que la sentence prononcée contre eux et devenue irrévocable fût confirmée par le roi et exécutée rigoureusement par ses agents dans le duché. On ignore quelle suite eut l'affaire. — Le symptôme le plus grave est que le repré-

1. Moreau, t. 660, fol. 197.

sentant même du roi en Guyenne prenait aussi sa part des méfaits qui désolaient la ville; du moins accusa-t-on le sénéchal Jean de Hawstead d'avoir, depuis son entrée en fonction, dérobé des biens et des objets d'alimentation pour plus de 15,000 l. t.

Dans ce milieu de violences et de crimes, Jean Colom ne sera pas considéré comme un monstre, dût-on même le tenir pour coupable de tous les méfaits entassés contre lui dans un cahier de plaintes rédigé en 1330[1]. C'est un acte d'accusation qui remonte haut, puisqu'on rappelle les trahisons de son père Jean Colom et de son aïeul, Gaillard, l'allié de Simon de Montfort contre le roi d'Angleterre. En ce qui concerne Jean lui-même, on lui impute diverses émeutes suscitées avant et après le sénéchalat de Jean de Ferrières (1312), de nombreux crimes récemment accomplis par sa « mesnie » et celle de son cousin Guillaume Raimond : ce sont des gens assassinés, des criminels soustraits de force à la justice, une intervention néfaste dans les affaires municipales; il interdit à certains maires nommés par le roi d'exercer leurs fonctions s'ils refusent de marcher avec lui; il intrigue avec les ennemis du roi, tolère que des agents français viennent plaider devant l'officialité de Bordeaux, obtient des lettres de rémission du roi de France parce qu'il lui a promis « de lui faire avoir la ville de Bordeaux »; il a fait payer cher au sénéchal son concours éventuel en cas de guerre avec la France, etc. S'il a pu commettre toutes ces félonies, tous ces crimes, c'est parce qu'il s'est entouré d'une armée d'hommes à tout faire attachés à sa maison par les nombreux avantages que leur vaut son triomphe.

Quelle que soit la part de responsabilité qui incombe justement à chacun de ces chefs de parti, un fait ressort avec évidence de ces témoignages, même les plus passionnés, c'est le désordre social produit par les rivalités des grandes familles dans le sein de la bourgeoisie bordelaise. De graves dangers en résultent. Le plus manifeste consiste dans l'intervention française, avec ses conséquences juridiques et politiques. Les appels réitérés des Gascons, des Bordelais au Parlement de Paris mettaient sans cesse la royauté anglaise dans une posture humiliante ou périlleuse. Même situation à peine tolérable dans les cas, si fréquents, où un bourgeois, par exemple, était sous « la protection et sauvegarde spéciale » du roi de France; alors le sergent royal,

1. Voir plus haut, p. 68, n. 1.

armé de son bâton aux fleurs de lis, pouvait intervenir dans les procès des particuliers, même devant les tribunaux bordelais, et évoquer les causes devant le sénéchal de Périgord, d'où les appels étaient régulièrement portés au Parlement de Paris. Sous le faible gouvernement d'Édouard II, ces interventions vraiment abusives se multiplient au point d'affaiblir et de déconsidérer l'autorité royale. Sous cette surface agitée de tant de passions mauvaises, on entrevoit des ferments nouveaux; les gens de métier se laissent entraîner dans des inimitiés dont le conflit ne les intéresse pourtant guère, et les marchands essaient d'organiser des partis intermédiaires qui travaillent pour le gain plutôt que pour la domination ou la gloire. Mais la classe ouvrière, si tant est que l'on puisse dire que les ouvriers eussent même l'idée de constituer une classe dans une société toujours si profondément aristocratique, ne paraît pas avoir joué un rôle notable à Bordeaux dans le premier quart du XIVe siècle. L'avenir est plutôt favorable aux marchands. Ils ont besoin de la paix pour leurs personnes et de la sécurité pour leurs transactions; si l'intervention royale doit leur assurer ces biens essentiels, ils sont prêts même à subir l'amoindrissement d'une autonomie communale dont ils ont connu surtout les excès.

Olivier d'Ingham fut nommé sénéchal de Gascogne pour la seconde fois en 1331 et il resta en charge pendant douze années consécutives. Ce long gouvernement vit s'accomplir quelques-uns des faits les plus considérables de l'histoire de la province en général et de Bordeaux en particulier.

Tout d'abord, les factions urbaines posèrent les armes et une ère de calme relatif commença. Faut-il faire honneur de cet inestimable résultat à la valeur personnelle du sénéchal, aux directions à la fois plus habiles et plus fermes qu'il recevait de la royauté, à la pratique, inaugurée déjà en 1323 et qui consistait à mettre à la tête de la mairie bordelaise un fonctionnaire envoyé d'Angleterre[1] et à diminuer le nombre des jurats? Faut-il faire entrer aussi en ligne de compte la lassitude des partis, l'intérêt du commerce qui commandait impérieusement des rues et des routes sûres? Toutes ces causes sans doute contribuèrent au changement très notable que l'on constate alors dans la vie publique de la grande cité. Sans doute, la paix intérieure ne régna point, subitement et comme par enchantement, dans un

1. Voir plus loin, p. 80.

milieu que les discordes civiles avaient si profondément troublé pendant tant d'années, et l'on peut signaler en 1351[1], en 1375[2] des insurrections locales où figurent encore des Colom; mais les cas sont rares; simples accès de fièvre, au lieu d'une maladie chronique. D'autre part, un fait dont on ne saurait exagérer l'importance est la décision prise par Édouard III (25 janvier 1340) de revendiquer la couronne capétienne et de se proclamer roi de France. Désormais, au point de vue juridique, la Guyenne en général et Bordeaux en particulier n'ont plus qu'un souverain, qui est le roi d'Angleterre; tout appel au Parlement de Paris est par là rendu impossible; impossible, à peine de félonie, tout recours à la protection du prince qui règne sur les bords de la Seine. Ainsi se trouvent supprimées les deux causes d'intervention étrangère qui avaient le plus contribué à jeter le trouble dans le pays, à énerver l'action du roi d'Angleterre et de ses agents. L'appel des sentences prononcé par ses agents et par le plus puissant d'entre eux, le sénéchal, subsiste, mais il faudra maintenant le porter à Londres. C'est toute une révolution. Puis vient la guerre avec la France, guerre pendant laquelle Bordeaux sera pour le roi d'Angleterre un point d'appui précieux, guerre qui fut pour cette ville, suivant les circonstances, une source de rapides profits ou une cause de danger et de ruine. C'est presque un régime nouveau qu'il s'agissait d'instaurer, avec un programme qui consistait à maintenir Bordeaux dans une stricte obéissance, tout en confirmant et en étendant au besoin ses privilèges municipaux.

IX. — *Institutions municipales de Bordeaux telles qu'elles apparaissent fixées vers l'année 1375.*

L'année 1375 paraît fournir un moment opportun pour l'étude des institutions bordelaises telles qu'elles subsistèrent jusqu'à la fin de la domination anglaise. Bordeaux est restée fidèle au roi d'Angleterre pendant la première partie de la guerre de Cent ans. Les victoires remportées par Edouard III et son fils aîné ont été très favorables à sa prospérité matérielle. D'autre part, elle a souffert de la reprise des hostilités en 1369; les revers infligés aux armes anglaises l'ont mise « en péril d'être

1. Moreau, t. 661, fol. 203.
2. *Livre des Bouillons*, p. 495-496.

perdue[1] ». C'est alors que le sire Florimont de Lesparre, ayant été nommé lieutenant du roi ès parties d'Aquitaine et « gouverneur de la ville de Bordeaux par l'élection du peuple », la remit « en bon array[2] »; non d'ailleurs sans apporter à son tour quelques changements à un édifice qu'il fallait restaurer sans cesse. Au risque de répéter des faits déjà signalés et de dépasser le règne d'Édouard III, voyons quelles en sont les bases et l'ordonnance.

Je traiterai d'abord des différentes classes de la population, puis j'esquisserai l'organisation politique et administrative de la ville.

Parmi les classes, on peut distinguer les bourgeois et les nobles, la plèbe, les étrangers et enfin le clergé.

Le bourgeois (*civis* ou *burgensis*) est toujours un homme libre.

On devient bourgeois soit par la naissance[3], soit par le fait d'un séjour prolongé. Dans la charte de privilèges accordée par Jean sans Terre le 30 avril 1206, on lit : « Nous concédons à tous ceux qui viendront du dehors pour demeurer à Bordeaux, qui auront juré fidélité à nous et à la Commune de cette ville, qui y seront restés pendant un mois entier sans être réclamés par leur maître, seront désormais reconnus comme n'étant les hommes de personne[4]. » Ces hommes « qui viennent du dehors » peuvent être des questaux. Au XIVe siècle, des « privilèges » indiquent « comment les hommes questaux se font bourgeois » et « comment tout homme qui demeure à Bordeaux pendant un mois devient bourgeois[5] ». D'autre part, dans une lettre au sénéchal de Gascogne (12 mai 1324), le roi dit : « Nos amés et féaux le maire et les jurats de notre cité de Bordeaux nous ont fait connaître l'usage constamment suivi dans cette ville, d'après lequel, après un séjour prolongé pendant un an et un jour, on peut jouir des mêmes franchises et libertés que les vieux bourgeois de la ville[6]. » Ici, il n'est plus question de questaux, mais d'étrangers libres, qui viennent s'établir tranquillement dans la ville.

Il faut d'ailleurs que la résidence soit réelle et durable : « Que nul à l'avenir ne devienne bourgeois de Bordeaux s'il n'y pos-

1. *Livre des Bouillons*, p. 495.
2. *Ibid.*, p. 496.
3. Il faut que la naissance soit légitime (*Registre de la Jurade*, t. I, p. 272; 9 nov. 1407).
4. *Livre des Bouillons*, p. 240.
5. *Ibid.*, p. 187.
6. Moreau, t. 660, fol. 131 (d'après *Rot. Vasc.*).

sède d'une façon indiscontinue une demeure, un foyer, une famille, ainsi que tous les autres bourgeois[1]. » C'est ce qu'en termes un peu différents déclare Édouard Ier à son tour : « pour devenir bourgeois à Bordeaux, il faut y avoir d'une façon continue une femme et une famille ; celui qui ne réside pas à Bordeaux, qui n'y a pas une femme et une famille ne peut en revendiquer les privilèges » (7 mai 1292)[2].

On peut encore devenir bourgeois par le consentement gracieux du roi ou de la ville. Le roi récompense de cette manière les services rendus par Gaillard de Gout, seigneur d'Arbanats, et par Gérarde de Bouglon, fille et héritière de Guillemine Gondaumer, en son vivant bourgeoise de Bordeaux (28 avril 1330)[3]; par Doat Amanieu (9 juillet 1330)[4]; par Jean de Grilly[5]; par Jeanne de Gournay, veuve d'Aimeric de Duras[6]; par Gaillard de La Tour, écuyer[7]. Ce dernier était né à Bordeaux (« patrie Burdegalensis »), mais, étant noble, ne pouvait pas être bourgeois, sinon par grâce particulière. La ville confère également des lettres de bourgeoisie à Jean de Lartigue, hospitalier de l'hôpital de Saint-André (29 mai 1415)[8]; à Hélie Lafont, ouvrier (10 juin 1415)[9]; à Jean de Pretz, savetier (4 décembre 1415)[10]; à Nicolas Maresceu, notaire public du diocèse de Rennes (30 octobre 1420)[11]; à Jean Sirbuer, fils d'Antoine Sirbuer, de Nérac (29 mars 1421)[12]. Ce dernier avait environ seize ans au moment de son admission à la bourgeoisie.

Tout nouveau bourgeois doit prêter le serment de fidélité. Raimond-Guillaume de Caupenne, dit le Bâtard anglais, est admis le 7 août 1406 « et il a prêté la forme habituelle du serment[13] ». Jean de Pretz, mentionné plus haut, prête « présente-

1. *Recogn. feod.*, n° 449, art. 7; *Livre des Coutumes*, p. 499; *Livre des Bouillons*, p. 380.
2. *Rôles gascons*, t. III, n° 2027.
3. *Arch. histor. de la Gironde*, t. III, p. 152.
4. *Ibid.*, p. 153.
5. Moreau, t. 660, fol. 249.
6. Moreau, t. 661, fol. 12.
7. *Arch. histor. de la Gironde*, t. XVI, p. 250.
8. *Ibid.*, p. 266.
9. *Registres de la Jurade*, t. I, p. 160.
10. *Ibid.*, p. 180.
11. *Ibid.*, p. 462.
12. *Ibid.*, p. 497.
13. *Ibid.*, p. 14.

ment, en sa jurade, le serment que les bourgeois ont coutume de prêter[1] ».

Outre le serment, on trouve parfois mentionné un certain droit d'entrée. Le 25 juillet 1408, la Jurade décide qu'à l'avenir tout nouveau bourgeois paiera un marc d'argent pour les œuvres de la ville « tant qu'il plaira aux Trente[2] » ; et, en effet, on voit, dans le même temps, Arnaud de Lespinasse acquitter ce droit d'entrée dans la bourgeoisie[3]. De ce dernier, il est dit « qu'il prêta le serment comme bourgeois et qu'ensuite les Jurats ordonnèrent qu'il eût ses lettres de bourgeoisie[4] ». Sur le cas de Gaillard de Jonquières, nous avons des renseignements détaillés. Il avait reçu de la chancellerie royale des lettres patentes l'autorisant (lui, noble) à jouir des privilèges et franchises de la ville sous certaines conditions ; sans doute, ces conditions tardèrent à être remplies, si bien qu'après avoir été admis et avoir prêté serment « en cour, publiquement », on lui imposa de prêter serment une seconde fois. « Il jura donc devant les seigneurs [jurats] et ceux-ci voulurent qu'il eût sa lettre, en considération des lettres patentes délivrées par le sénéchal ». « En conséquence », ajoute le document que nous analysons, « nous avons admis ledit Gaillard comme notre bourgeois et avons reçu de lui le serment accoutumé. Nous voulons, autant que la chose dépend de nous, qu'à l'avenir ledit Gaillard (à condition qu'il fasse dorénavant sa résidence effective dans la ville et s'acquitte des obligations qui incombent aux bourgeois) jouisse de tous les privilèges, fors, franchises et libertés de la cité[5]. »

Si le droit de bourgeoisie s'acquiert, il peut aussi se perdre, à la suite soit de délits ou de crimes de droit commun, soit de crimes politiques.

« Est déchu de son privilège », lit-on dans le *Rolle de la Vila* (art. 27), « quiconque a contrefait la monnaie ou le sceau du prince, se révolte, passe à l'ennemi, livre une place dont il a la garde, vole ou force le trésor du prince, tue le prince ou son héritier, est hérétique ; de même tout bourgeois qui compromet les franchises de la ville ou qui séduit la femme de son sei-

1. *Registres de la Jurade*, t. I, p. 291.
2. *Ibid.*, p. 337.
3. *Ibid.*, p. 331.
4. *Ibid.*, p. 332.
5. *Ibid.*, p. 51.

gneur ». Art. 40 : « le péché contre nature fait perdre tout privilège, entraîne la peine de mort et la confiscation des biens »; de même le suicide (art. 41) et l'emploi des sortilèges (art. 46 et 49). Les bourgeois doivent s'entr'aider. Un établissement de 1304 les oblige à renouveler chaque année le serment de se soutenir les uns les autres contre les étrangers, sous peine d'être privés du droit de bourgeoisie et d'encourir la peine des parjures[1]; un autre de 1341 prive à tout jamais de ce même droit ceux qui, sans excuse valable, ne se rendraient pas à la convocation du maire et des jurats pour faire rendre justice à un bourgeois molesté[2]. La perte de ces droits peut d'ailleurs n'être que partielle; nous dirions aujourd'hui qu'un bourgeois peut perdre ses droits civiques tout en conservant ses droits civils. C'est ce qu'indique l'art. 42 du *Rolle de la Vila :* « Nul homme, en aucun temps, ne peut tenir un office municipal si, par exemple, il a été mis au pilori, condamné à « courir la ville » avec une femme (crime d'adultère), s'il a été battu avec des sangles ou des verges à travers la ville, s'il a porté un faux témoignage, calomnié la Commune ou le seigneur, s'il a été mutilé de quelque membre par sentence de justice. »

Les crimes politiques entraînent la peine du bannissement. C'est ce qui arrive à la suite de chaque émeute; en ce cas, ou bien le parti vainqueur chasse les plus redoutables de ses adversaires, ou bien c'est le roi qui frappe, plus ou moins indistinctement, les insurgés. D'autre part, on voit aussi le roi intervenir pour faire autoriser les exilés à venir cultiver les terres qu'ils possèdent hors de la ville[3], ou pour les réintégrer dans leurs droits[4].

« Tous les bourgeois », dit le statut de 1261 (art. 8), « sont inscrits dans leurs paroisses; il en sera fait deux rôles. Quand un bourgeois vient à mourir, son nom doit être rayé sur le rôle de sa paroisse; tout bourgeois nouveau sera inscrit sur le rôle de la paroisse où il aura élu domicile[5]. » Il y a de même un registre où sont inscrits les noms de ceux qui ont été bannis en vertu d'un jugement régulier. C'est le *papey deus banitz*, qui doit être scellé du sceau du maire et de deux jurats; il est confié

1. *Livre des Coutumes*, p. 620.
2. *Ibid.*, p. 328.
3. *Rôles gascons*, t. I, nos 2357, 2358, 2673, 2753.
4. *Ibid.*, t. I, Supplément, p. XLVI.
5. *Recogn. feod.*, n° 449; *Livre des Coutumes*, p. 499; *Livre des Bouillons*, p. 380.

à un jurat qui en a la garde pendant toute son année de charge[1].

En dehors des bourgeois, il faut mentionner parmi les habitants de Bordeaux ceux qui ne jouissent pas du droit de bourgeoisie et ceux auxquels l'accès des privilèges est interdit.

Dans la première catégorie doivent être rangés le bas peuple et les étrangers.

La plèbe nous est mal connue. Dans un régime qui repose sur la propriété foncière, elle a peu de droits et la loi s'occupe rarement d'elle. A Bordeaux comme ailleurs, elle devait se composer de tous les travailleurs manuels non possesseurs de biens-fonds : ouvriers, serviteurs à gage, sans compter les miséreux et les fainéants. C'est une foule anonyme dont l'histoire se confond avec celle, dont je ne puis m'occuper ici, des corporations industrielles et commerciales.

Les étrangers sont nettement distingués des bourgeois et soustraits à la juridiction municipale. Un mandement royal du 23 septembre 1309 ordonne au sénéchal de faire respecter l'ordonnance en vertu de laquelle « le droit d'enquête et de juridiction sur toutes les personnes étrangères, tant sur terre que sur eau, nous appartient immédiatement[2] ». Mais la police municipale les soumet à une surveillance particulière. « Que nul étranger », dit une proclamation du 8 août 1408, « ne porte une épée ou un couteau dans la ville, à moins que ce ne soit une arme d'apparat[3]. » — « Que nul », dit une autre proclamation (20 janvier 1416), « ne prenne un valet étranger et d'autre obédience avant de l'avoir conduit devant son jurat, pour qu'il y prête le serment exigible en ce cas[4]. » Le 1er février 1415, le lieutenant du maire et huit jurats assemblés à Saint-Éloi reçurent ainsi le serment d'ouvriers étrangers, parmi lesquels plusieurs Bretons ; la teneur en fut la suivante, « que, tant qu'ils demeureraient dans la ville, ils ne maniganceraient rien contre le roi, la ville ou le pays ; s'ils avaient connaissance d'un tel dessein, ils le révèleraient le plus tôt possible à un officier royal ou municipal[5] ».

Il reste à parler des clercs et des nobles.

Inutile d'insister sur les clercs ; leur condition n'était pas autre à Bordeaux qu'ailleurs.

1. *Livre des Coutumes*, p. 44, art. 36.
2. Rymer, à la date.
3. *Registres de la Jurade*, t. 1, p. 346.
4. *Ibid.*, t. I, p. 312.
5. *Ibid.*, t. II, p. 112.

Parmi les familles nobles domiciliées dans la ville, certaines jouissaient des droits de bourgeoisie; d'autres en étaient privées. Les premières étaient (en 1331) au nombre de quatre, dont celle de Puy-Paulin[1], dont l'origine remontait sans doute à l'époque gallo-romaine. C'est à ce titre que les détenteurs de ce fief revendiquèrent à plusieurs reprises au XIVe siècle le droit de faire entrer en franchise à Bordeaux les vins provenant de leurs vignobles, et le roi dut rappeler ses agents à l'observation de ce privilège[2]. D'autre part, on voit les nobles tour à tour exclus de la Jurade (en 1376), puis admis de nouveau (1392)[3]; mais, en somme, la législation municipale s'occupe rarement d'eux, ce qui tendrait à prouver que la noblesse ne tenait pas dans le gouvernement de la cité une place appréciable. Le pouvoir fut toujours aux mains de la bourgeoisie ou mieux d'une oligarchie bourgeoise.

A la tête de l'administration municipale sont le maire et les jurats qui constituent la Jurade.

A la différence de la charte de Rouen qui donnait au roi le pouvoir de nommer le maire à condition de le prendre sur une liste de trois candidats choisis par les cent pairs, la règle à Bordeaux était primitivement que ce magistrat devait être élu sans aucune intervention de la royauté. Dans la charte de privilèges de 1224, il est dit que les « prud'hommes » de la ville auront « une Commune dans la cité de Bordeaux et un maire pris parmi eux[4] », et, dans celle de 1235, « qu'ils aient, eux et leurs hoirs, à perpétuité, et qu'ils fassent parmi eux un maire dans la cité de Bordeaux[5] ». Il est même formellement interdit de demander ou de solliciter la mairie du roi ou de toute autre personne « sous peine d'être traité comme un parjure[6] ».

Le maire est nommé par les jurats, pour une année seulement, et rééligible, mais après un intervalle de trois années[7]. La liste

1. « Cum quedam domus, vocata domus du Puypaulin... sit una de quatuor domibus nobilium civium privilegiatorum civitatis nostre B. » (25 janv. 1331). Moreau, t. 661, fol. 8.

2. Moreau, t. 661, fol. 8; Rymer, à la date du 26 mars 1378.

3. Brissaud, *les Anglais en Guyenne*, p. 135, 149.

4. « Communiam in civitate vestra Burdeg. et majorem de votusmet ipsis eligendum. »

5. « Quod ipsi et heredes sui in perpetuum habeant et faciant de se ipsis majorem in civitate nostra Burdeg. » *Cal. charter roll*, t. I, p. 210; *Livre des Coutumes*, p. 552; *Livre des Bouillons*, p. 241.

6. *Rolle de la Vila*, art. 1 (*Livre des Coutumes*, p. 274).

7. *Livre des Coutumes*, p. 274-275.

des maires prouve que ces règles ont été généralement observées pendant les soixante premières années du XIIIe siècle; du moins depuis l'année 1218, où cette liste peut être établie sans lacunes. On a vu à la suite de quels événements le prince Edouard se fit attribuer en 1261 « par les jurats et prud'hommes de la ville » le droit de nommer leur maire; puis comment Édouard Ier rendit aux jurats (1279) leur ancien privilège; comment en 1288 il « reprit la mairie » dans sa main. Le 13 juin 1289, il déclara qu'il avait nommé maire Pierre Itier, chevalier, « pour tout le temps qu'il lui plaira[1] ». Désormais, plus de mairie élective ni annuelle. Suivant les circonstances, les maires sont pris soit parmi les bourgeois de la ville, soit parmi les gens du dehors, les nobles de préférence. Après la guerre de Dix ans (1294-1303), on voit bien à la mairie Arnaud Caillau et Pierre Caillau; mais Edouard II revient à la pratique, désormais traditionnelle, de prendre le maire hors de la ville. Ce sont Eudes de Lados, Guillaume de Toulouse, « valet du roi », Dominique de Roncevaux, Eudes et Raimond de Miossens, Loup Bergonh (ce dernier, bien que bourgeois de Bordeaux, était né à Morlaas), Jean Hoguet, Raimond Duran. Vers la fin du règne, les maires ne sont plus d'origine gasconne ni même languedocienne; ils sont pris parmi les Anglais.

Déjà sous Édouard Ier, on voit apparaître un Thomas de Sandwich (1288-1289); plus tard, Robert de Shirland (1323). Était-ce une nouveauté dont les Bordelais pouvaient prendre ombrage? On le croirait à lire la lettre écrite au nom du roi dans ce dernier cas (22 août). Le roi notifie en effet aux jurats qu'il a longtemps réfléchi aux avantages que la ville retirerait d'une « administration juste et paisible » sous les ordres d'un maire « circonspect, sage et impartial »; il espère que ledit Robert « surpassera les maires qui l'ont précédé dans cet office »; il prie donc les jurats de l'accueillir « gracieusement » et, tant qu'il restera en charge, non seulement de lui payer « ses gages et salaires accoutumés », mais de le traiter avec autant de courtoisie que de bonne grâce. Robert de Shirland ne prit cependant pas possession de son office; du moins son nom ne figure-t-il pas dans la liste des maires. A sa place, on trouve un Gascon, Raimond de Miossens, qui a pour successeurs deux Anglais, Robert de Swynburne et Jean de Hawstead. Puis Édouard II est détrôné

1. *Rôles gascons*, t. II, n° 1021.

et l'on revient aux maires gascons : Arnaud de Montpezat, Jean de Saint-Philebert. Après la mort de ce dernier, lit-on dans une lettre royale du 20 mars 1333, le sénéchal de Guyenne (Olivier d'Ingham) et le connétable de Bordeaux (Jean Travers) avaient, sur l'avis du Conseil royal dans le duché, nommé Guillaume Sanche de Pommiers, « bien que ledit office eût été d'ordinaire géré jusqu'ici par un Anglais ». Si cette allégation n'est pas absolument vraie pour le temps passé, elle se justifie par la pratique des années suivantes; car, après Guillaume Sanche de Pommiers, on trouve John de Lisle (1334-1343), Renaud de Bisquele (1345-1354), Thomas de Roos (1354-1359). Comme on le voit, la mairie n'est même plus annuelle; elle devient comme un office de la couronne dont les titulaires sont désignés « quamdiu regi placuerit ». Bordeaux ne connaît plus que des maires de carrière. La main mise par la royauté sur cet office, le plus important de tous, autour duquel s'étaient nouées tant d'intrigues et pour la possession duquel avait peut-être coulé tant de sang, ne devait plus être jamais retirée. A plusieurs reprises et généralement à chaque nouveau règne, les Bordelais réclamèrent. Leurs pétitions restèrent sans effet. Quand le roi tenait à être gracieux, il leur faisait répondre qu'il allait ouvrir une enquête pour savoir dans quelles conditions la mairie était « arrivée dans sa main ».

Aussitôt élu, le maire doit prêter un double serment : au roi et à la Commune. Le statut de 1261 donne la formule du premier[1] : il doit « jurer, en présence du peuple, à Saint-André, sur les saints Évangiles de Dieu et sur les reliques, de conserver et de préserver de toute atteinte, en tant que la chose sera en son pouvoir, les droits du roi, quels qu'ils soient et où qu'ils soient, dans les limites de la ville et au dehors, de dénoncer et désigner les aliénations anciennes et récentes de ces droits dont il aura connaissance; quand le roi ou son mandataire voudra les revendiquer, il conseillera son seigneur en bonne foi, le dirigera, l'aidera ». Après le renouvellement de la Jurade, il doit jurer sur la châsse de saint Seurin qu'il se conduira bien et loyalement dans son office, qu'il défendra tous et chacun de la Commune et les préservera de tout dommage et violence, soit de sa part, soit de la part d'autrui; qu'il leur fera droit et raison au pauvre comme au riche, sans avoir égard à ami ni à ennemi; qu'il les

1. *Recogn. feod.*, n° 499, art. 30; *Livre des Coutumes*, p. 498.

défendra dans leurs fors, coutumes, usages, statuts, privilèges et libertés, en réservant la fidélité due au roi, seigneur souverain[1].

Les maires recevaient une indemnité, d'ailleurs arbitraire. « La Commune de Bordeaux se plaint », dit le roi dans une lettre du 9 août 1322 adressée au sénéchal, Foulque Lestrange[2], « de ce que les gens de cette Commune ont été grevés et accablés et sont encore aujourd'hui indûment grevés par les contributions lourdes et déshonnêtes levées sur eux par les maires de la ville, sous prétexte que leur office est d'une durée incertaine et qu'ils pouvaient craindre d'en être privés à chaque instant; afin de porter remède à ces maux, elle a prié le roi de décider qu'à l'avenir une indemnité fixe serait attribuée au maire sur les fonds municipaux; 500 livres suffiraient. » Cette pétition resta sans effet. Les maires avaient un intérêt trop évident à prélever eux-mêmes les sommes dont ils avaient besoin sur les revenus de la Commune. C'est ce que laisse entendre un mandement royal du 20 novembre 1331 adressé au connétable de Bordeaux[3] : « Dans un statut passé au temps de notre aïeul, le feu roi Edouard, d'illustre mémoire, et dans un accord passé entre Amauri de Craon, alors sénéchal de Gascogne, d'une part, le maire et les jurats de Bordeaux, d'autre part, il est dit que le maire percevra chaque année les émoluments ou profits dépendant de la mairie pour subvenir aux besoins de celle-ci ; le revenant bon, toutes dépenses payées, nous serait attribué. Or, nous avons appris qu'aucun compte n'a été rendu de ces maniements de fonds ni de ce revenant bon. Pour obvier par tous les moyens possibles au préjudice que nous fait éprouver cette absence de contrôle, nous avons mandé aux maire et jurats de venir nous rendre compte de ce revenant bon. » Ordre était donné en conséquence au connétable d'écouter les comptes du maire et des jurats, puis de prendre, à leur égard, les mesures « commandées par la justice et conformes à la raison ».

A la place du maire, on trouve quelques fois un gouverneur, et à côté de lui est souvent mentionné un sous-maire.

Le gouverneur (Gubernator) est un magistrat extraordinaire nommé par le roi aux lieu et place du maire lorsqu'il n'est pas possible d'en nommer un ; par exemple en 1290, alors que l'élec-

1. *Livre des Coutumes*, p. 210, 344; *Livre des Bouillons*, p. 501.
2. Moreau, t. 660, fol. 115 (d'après les *Rot. Vasc.*).
3. Moreau, t. 660, fol. 259 (d'après les *Rot. Vasc.*).

tion du maire était déférée au Parlement de Paris, le roi nomma Vital Pansa[1], le même qui fut trois ans plus tard mis à mort et traîné sur la claie pour crime de félonie envers son suzerain.

Quant au sous-maire, c'est en somme un adjoint au maire; mais c'est le maire qui le choisit « parmi ceux qui plairont le mieux aux jurats[2] », et il le renouvelle chaque année, après les élections générales. Le sous-maire prête à Saint-Seurin le même serment que le maire[3] et, comme lui, il reçoit un traitement. La plus ancienne mention connue de ce magistrat est dans la notice d'un jugement rendu en 1293[4]. Quand Bordeaux fut occupée par les Français, à côté du maire, Girmond de Burlats, figure un sous-maire, le fameux Pierre Flotte[5].

Après le maire, les jurats. Pendant tout le XIIIe siècle et une partie du XIVe, ceux-ci furent d'abord au nombre de cinquante. Ce nombre se rencontre pour la première fois (avec le nom des jurats) dans le traité de paix et d'alliance conclu en 1222 et renouvelé en 1230 entre Bordeaux et La Réole. En 1341, le roi donna aux « maire, jurats et Communauté de Bordeaux » pouvoir de l'augmenter ou de le diminuer à son gré[6]. Et en effet il ne tarda pas à être réduit à 24, chiffre qui rappelle celui des douze échevins et douze « consulteurs » des *Établissements de Rouen*. En quelle année ce changement fut-il effectué? On l'ignore. Un acte du 30 septembre 1375 nous apprend seulement que les « maire, jurats et autres prud'hommes » sont autorisés à rabaisser à douze le nombre des jurats « qui, jusqu'alors, avait été de vingt-quatre[7] ». En conséquence, « les vingt-quatre jurats ou la majorité d'entre eux, après que le peuple de la ville eut été appelé à son de trompe en l'église Saint-André, en présence de Florimond de Lesparre, lieutenant du roi et gouverneur de la ville par l'élection du peuple, décidèrent, suivant l'ordre et la volonté de la Commune, l'ordre, la volonté et le consentement du lieutenant, et attendu qu'avec le temps les institutions humaines doivent être modifiées, qu'on nommerait à l'avenir seulement douze jurats, dans les mêmes formes d'ail-

1. *Livre des Coutumes*, p. 406.
2. *Ibid.*, p. 507.
3. *Ibid.*, p. 509.
4. *Ibid.*, p. 108.
5. *Ibid.*, p. 407.
6. Moreau, t. 660, fol. 109.
7. *Ibid.*, p. 498.

leurs que les vingt-quatre, et aussi qu'aucun noble ne pourrait être jurat ». Le chiffre de douze n'a plus été changé; il était encore tel au moment où Bordeaux fut conquis par l'armée de Charles VII en 1451.

Comme tous les autres magistrats municipaux (le maire excepté), les jurats ont toujours été élus; mais c'étaient les jurats sortants qui élisaient leurs successeurs. Voilà la règle. Elle est formulée nettement dans le *Rolle de la Vila :* les jurats se renouvellent par voie de cooptation ; le maire ne doit prendre aucune part à leur élection (art. 2) ; ils sont élus chaque année (art. 4) ; aussitôt élus, ils doivent jurer, devant toute la Commune, de bien remplir leurs fonctions et d'élire à leur tour, à l'expiration de leur année, cinquante bons jurats (art. 5). L'existence des factions rivales que nous avons vues à l'œuvre ne laissa pas de troubler maintes fois l'application de cette règle qui, comme toutes les lois électorales, paraît avoir été modifiée selon les besoins du moment. Dans une lettre du 6 juin 1252[1], le roi rappelle et ordonne d'exécuter une décision prise la dernière fois qu'il avait été à Bordeaux (donc en 1242-1243) et en vertu de laquelle, « puisqu'il y avait dans cette ville deux factions ennemies », les jurats « seraient pris chaque année en nombre égal dans chacune d'elles, et non tous dans une seule ». Huit ans plus tard, le roi reprochait aux « maire, jurats et Communauté » (14 juin 1260)[2] le mépris de cette ordonnance[3] et leur enjoignait de l'observer[4]. En 1311, une révolution renversa momentanément, on l'a vu, les « grands bourgeois » qui « élisaient chaque année les cinquante jurats pris exclusivement dans leur parti »; en effet, les vainqueurs élurent, dirent-ils eux-mêmes, des « marchands et autres prud'hommes, gens de paix et de justice, capables de servir nous, la ville, et tous autres, étrangers et bourgeois ». En 1341, certains puissants personnages s'étant emparés par force de l'élection et ayant réussi par collusion à faire élire leurs « complices », le roi ordonna[5] que les élections fussent annuelles et libres et qu'on choisît les gens « les plus aptes à servir les intérêts communs

1. Shirley, *Royal letters*, t. II, p. 89.

2. *Rôles gascons*, t. I, Supplément, p. CI-CII.

3. « Ab altera parte contendentium assumitis et creatis. »

4. « Quod tales de cetero majores et juratos preficiatis qui de anno in annum communiter assumantur. »

5. Moreau, t. 660, fol. 109.

et à faire régner la tranquillité dans la ville ». On conçoit sans peine que, si les élections étaient faites par une des deux factions ou même à la suite d'une entente momentanée entre elles, le roi ne pouvait guère intervenir ; libres au contraire, il lui était beaucoup plus aisé de faire passer ses candidats.

Dans la suite des temps, l'époque où se faisaient les élections a varié. Vers le milieu du XIVe siècle, c'était le cinquième jour après la Nativité de saint Jean-Baptiste (29 juin). En 1254, elles furent reculées à la fête des saints Jacques et Christophe (25 juillet)[1], précédent qui paraît avoir été généralement observé depuis lors. Il y fut dérogé en 1311 ; la révolution qui avait triomphé le 22 février fit procéder sans retard à de nouvelles élections et l'on décida que la date en serait désormais fixée au premier dimanche du carême[2] ; mais on revint ensuite à la date antérieure et, jusqu'à la fin de la domination anglaise, elle fut maintenue en effet au 25 juillet.

Une note transcrite sur le *Livre des Coutumes*[3], et que l'éditeur, M. Barckhausen, date de 1340 environ, est ainsi conçue : « Il faut savoir que chaque année, la veille des saints Jacques et Christophe (24 juillet), de nouveaux jurats sont créés et élus par les anciens ; le lendemain (25 juillet), dans l'église de Saint-André l'Apôtre, leurs noms sont publiés devant le peuple assemblé au son des trompettes ; les nouveaux élus qui sont là prêtent sur les saints évangiles de Dieu et sur la croix touchée de la main, à l'autel, en présence de tous le serment dans les termes suivants... » Mais la description des pratiques suivies en 1375, en présence de Florimond de Lesparre, alors que le nombre des jurats fut réduit de vingt-quatre à douze, est particulièrement précise et détaillée[4] ; les historiens de Bordeaux n'ont eu qu'à la copier. Il ne sera pas sans intérêt d'en trouver ici une analyse.

Donc, le 24 juillet, les douze jurats sortant se réunissent en l'église de Saint-Éloi au son de la cloche communale. Ils jurent d'en choisir douze autres, « les meilleurs et les plus capables », dans un esprit d'absolue impartialité. Pour être éligible, les conditions sont les suivantes : être né à Bordeaux ou dans le Bor-

1. Voir une lettre royale du 12 juin 1254 dans Champollion-Figeac, *Lettres de rois et reines*, t. I, p. 84 ; *Livre des Coutumes*, p. 531 ; *Rôles gascons*, t. I, nº 3767.
2. Voir plus haut, p. 64.
3. Page 343.
4. *Livre des Bouillons*, p. 495.

délais et de la nation de France, âgé d'au moins vingt-cinq ans, né de légitime mariage, de condition libre et indépendante, propriétaire d'un hôtel de maître, résider dans la ville et posséder au moins 1,000 l. de monnaie bordelaise en capital ou 200 l. de rente foncière par an. Puis les jurats entrent en conclave (c'est l'expression consacrée) pour élire leurs successeurs. Chacun d'eux choisira le sien dans son quartier (*jurada*) ou district de police (*esquingeita*); s'il n'en trouve pas dans son quartier, il le prendra dans un quartier voisin. Les jurats ne se sépareront pas avant d'avoir trouvé leurs successeurs. En cas de désaccord, ils peuvent appeler le maire, qui s'efforcera de les amener à une entente, mais qui devra se ranger à l'opinion de la majorité. Cela fait, le maire, à la requête des jurats sortant, fera ouvrir les portes de Saint-Éloi. Le lendemain, le maire et les anciens jurats vont à Saint-André où les bonnes gens de la ville ont été convoquées au son des trompettes. Le clerc de la ville, porteur d'une cédule cachetée où ont été écrits les noms des jurats dans chaque jurade, brise le cachet et lit ces noms. Puis les nouveaux jurats prêtent serment. On peut suivre dans les registres de la Jurade le détail de ces opérations dont le caractère oligarchique est si nettement accentué. Comme l'a très bien dit M. Barckhausen, « il paraîtrait, d'après les listes de jurats que nous possédons, que, au XVe siècle, une sorte de roulement ramenait au pouvoir, tous les trois ou quatre ans, presque les mêmes personnes, membres d'une trentaine de familles qui se partageaient les honneurs municipaux[1] ».

Le serment des jurats a peu changé dans la suite des temps. Selon le *Rolle de la Vila*, ils jurent, devant toute la Commune (art. 5), « qu'ils gouverneront et tiendront la ville bien et fidèlement, ainsi que la Commune, en bonne foi, sans avoir égard à ami ni à ennemi, mais seulement à la justice, selon leur droite conscience; et qu'ils éliront un maire fidèle au roi d'Angleterre, bon et profitable à la ville, selon leur conscience, en bonne foi; qu'à l'expiration de leur année ils éliront d'autres jurats bons, droituriers et profitables à la Commune, sans avoir égard à ami ni à ennemi, et seulement en bonne foi ». Au XIVe siècle, la mention du maire disparaît; en 1375, il n'est plus question que de douze jurats; le fond reste le même.

Le serment une fois prêté, les jurats entrent en charge. Leurs

1. *Registres de la Jurade*, t. I, p. IV.

prédécesseurs leur remettent immédiatement les instruments et les symboles de leur autorité administrative. Ainsi, le 26 juillet 1415, le sous-maire sortant restitua le sceau de l'auditoire et une clé des Privilèges; le prévôt municipal une clé des Privilèges, les mesures de l'huile et certaines marques; Guillaume Peytavin et Jean Gassias, chacun, une des clés des Privilèges; enfin le maire et les jurats, les clés de la ville[1].

Le maire et les jurats constituent la Jurade, à la fois Conseil municipal et pouvoir exécutif; mais ces expressions trop précises correspondent imparfaitement à la réalité des faits.

La compétence de la Jurade est illimitée. Les décisions qu'elle prend sont proclamées à son de trompe (c'est le *crit*) et sous forme d'ordonnances. La veille des élections annuelles, les jurats sortants rédigeaient une liste d'ordonnances qui liaient leurs successeurs. Ceux-ci devaient promettre, dès le début, de les observer, sauf amendements ultérieurs. Cette obligation était moins tyrannique qu'elle n'en a l'air, si l'on se rappelle qu'en somme c'étaient toujours à peu près les mêmes élus qui revenaient à la Jurade.

Outre la Jurade, Bordeaux comptait deux conseils : celui des Trente et celui des Trois cents. L'un et l'autre faisaient partie de la constitution primitive. La constitution de 1375 y ajoute quelques traits nouveaux[2] : après l'élection du sous-maire et du prévôt, le maire et les jurats doivent élire les trente conseillers, pris parmi les plus prud'hommes de la ville, de quelque condition qu'ils soient. Leurs noms doivent être publiés, le dimanche d'après, devant le peuple appelé au son de la trompe, à Saint-André. Ces Trente doivent être requis nominativement, ce jour-là, de prêter serment sur le missel et sur la croix, devant le peuple. Les registres de la Jurade nous font assister à l'opération elle-même. On lit par exemple, à la date du 31 juillet 1421 : « Aujourd'hui, vers l'heure de vêpres, le seigneur lieutenant et nombre de jurats, assemblés dans l'hôtel commun de Saint-Éloi, ont fait et ordonné les trente conseillers dont les noms suivent[3]. » Il fut ordonné en outre que chacun des jurats baillera par écrit les noms de ceux qui, dans sa jurade, seront bons pour faire partie des Trois cents; leurs noms seront transcrits sur le livre

1. *Registres de la Jurade*, t. II, p. 206.
2. *Livre des Bouillons*, p. 507.
3. *Registres de la Jurade*, t. I, p. 541.

des ordonnances[1]. On peut ensuite se reporter aux élections de l'année 1407 pour trouver la liste, par jurade, des trois cents conseillers choisis[2]; ils y sont répartis d'une façon très inégale : soixante dans la jurade de La Rousselle, huit seulement dans celle de Saint-Christophe et de Saint-Paul et, si l'on additionne les sommes fournies par chaque jurade, on atteint au chiffre de 317.

M. Barckhausen fait justement remarquer[3] que les nouveaux jurats appelaient régulièrement dans le Conseil des Trente des jurats sortants, c'est-à-dire qu'ils réélisaient ceux-là mêmes qui venaient de les élire; les deux pouvoirs restaient donc associés dans le gouvernement de la ville.

La compétence des Trente est illimitée comme celle des jurats. Ils peuvent autoriser les jurats à modifier les ordonnances de leurs prédécesseurs[4]; il leur arrive de laisser les jurats délibérer seuls[5]; mais ils devaient leur rester étroitement unis[6]. Ils reçoivent un traitement annuel et sont plusieurs fois appelés *pensionaris*. Les Trois cents furent primitivement chargés de la police municipale, au moins dans les cas de nécessité; c'est le rôle qu'on leur attribue, par exemple, dans l'émeute du 28 juin 1249. Au xve siècle, ils sont appelés à donner leur avis sur les affaires les plus diverses : levée des hommes d'armes (4 août 1406)[7], sauf-conduits pour le transport et l'importation des vins du haut pays (19 janvier 1407)[8]; indemnités pour les dommages causés par l'armée du comte de Dorset (12 mai 1414)[9]; fouage réclamé par le roi d'Angleterre (10 novembre 1414)[10]; bruit d'un complot formé pour livrer la ville aux Français (22 juin 1416), etc.[11]. Mais, tandis que toutes les affaires doivent passer par le Conseil des Trente, les Trois cents sont convoqués seulement pour des objets déterminés et quand on a besoin de

1. *Registres de la Jurade*, t. II, p. 542.
2. *Ibid.*, t. I, p. 241.
3. *Livre des Privilèges*, p. XXII.
4. *Registres de la Jurade*, t. II, p. 56, 206.
5. *Ibid.*, p. 197, 263, 288, etc.
6. *Ibid.*, p. 528.
7. *Ibid.*, t. I, p. 5.
8. *Ibid.*, p. 152, 395, 400.
9. *Ibid.*, t. II, p. 9.
10. *Ibid.*, p. 36.
11. *Ibid.*, p. 357.

leurs avis. Ils nous rapprochent ainsi du rôle qui appartient au Commun peuple.

Il n'est pas douteux qu'en dehors de la Jurade et des Conseils organisés, le peuple de Bordeaux n'ait eu quelque part aux affaires de la ville. « Aujourd'hui », lit-on dans un acte du 10 octobre 1341, « le maire et les jurats étant à Saint-Éloi en jurade plénière et tenant celle-ci, la cloche ayant sonné et étant présentes les bonnes gens de la Commune...[1]. » Vers la fin du règne d'Édouard III, nous rencontrons une « forme de serment que les Trois cents et tout le peuple doivent faire chaque année au maire[2] »; on y voit que, le dimanche après l'élection des jurats, étaient publiés les noms des trente conseillers, des trois cents prud'hommes et de plusieurs fonctionnaires municipaux dont les pouvoirs doivent être renouvelés tous les ans. Après le serment habituel du maire, le peuple entier, en son nom et au nom des Trois cents, jure, « en levant les mains vers l'église et vers l'autel, qu'ils seront obéissants au maire et aux jurats, qu'il les soutiendra contre tous pour maintenir la paix, gouverner et défendre la Commune dès qu'ils auront entendu l'ordre donné par le maire et les jurats[3] ».

Les registres de la Jurade montrent le peuple convoqué régulièrement : le 6 octobre 1406, ordre est donné, par voie d'affiches (bilhas) et au son de la trompette, aux Trente, aux Trois cents et au Commun peuple[4] de s'assembler le lendemain; le 4 décembre suivant, ordre de convoquer le Commun peuple pour lui communiquer les nouvelles de la guerre et l'engager à venir en aide, par une contribution pécuniaire, aux gens de Bourg-sur-Mer[5]. Le 27 avril 1420, le lieutenant du maire, les jurats et les Trente décident que, le lendemain dimanche, tout le peuple sera appelé et assemblé à Saint-Éloi[6]; afin de donner pouvoir aux seigneurs qui iront, au nom de la ville, à l'assemblée des États de Dax, on montrera les lettres du roi au peuple et l'on fera ce qui sera décidé par lui. Le lendemain, en effet, la question fut posée devant l'assemblée; l'opi-

1. *Livre des Coutumes*, p. 327.
2. *Livre des Bouillons*, p. 515.
3. *Ibid.*, p. 515.
4. *Registres de la Jurade*, t. I, p. 79.
5. *Ibid.*, p. 140, 148.
6. *Ibid.*, t. II, p. 367-370.

nion de soixante-dix-sept personnes a été notée sur le registre de la Jurade. Guillaume Peitavin, entre autres, fut d'avis « qu'il fallait donner les pouvoirs, mais à condition qu'on ne prît aucune mesure préjudiciable aux privilèges de la cité ». Jean Ferradre appuya cet avis, ajoutant « qu'on ne devait consentir à aucun fouage ni taille d'aucune sorte », motion qui fut approuvée par « tout le Commun des seigneurs Trois cents, et autres au nombre d'environ 1,500 ». Le peuple n'est donc pas une simple machine à enregistrement; mais il faut aussi remarquer qu'il est appelé à donner son opinion seulement sur les points où il plaisait aux maire et jurats de la demander, ce qui restreint notablement le champ de son action, et ce n'est pas le peuple qui dit le dernier mot. Le 25 avril 1408, le lieutenant du maire, huit des seigneurs jurats, plusieurs des seigneurs Trente et du Commun peuple s'assemblent à Saint-Éloi; on leur communique le rapport du sénéchal sur une certaine affaire, « et ensuite lesdits seigneurs (c'est-à-dire les jurats et les Trente, à l'exclusion des autres) se réunissent en la petite chambre (*destrenssa*) pour rendre l'ordonnance suivante[1]... ». Cette ordonnance a donc été rédigée en chambre du Conseil, en dehors de la présence du peuple. A aucun degré, le gouvernement municipal de Bordeaux n'a jamais eu de caractère démocratique.

On comprend mieux maintenant le sens des mots *Communia*, *Communitas;* c'est l'ensemble des habitants qui jouissent du droit de bourgeoisie; c'est à eux qu'ont été conférés les nombreux privilèges transcrits dans le *Livre des Coutumes*, le *Livre des Bouillons*, le *Cartulaire* dit *de Henri V et Henri VI*, etc.

Cette Commune de Bordeaux, qui s'est organisée alors que le régime féodal fonctionnait depuis longtemps, constitue ce qu'on pourrait appeler une seigneurie collective. Les marques extérieures de ce caractère seigneurial sont la cloche de l'église Saint-Eloi, logée dans une construction massive qui rappelle jusqu'à un certain point le beffroi des communes septentrionales, et le sceau ou mieux les sceaux qui lui appartiennent et dont elle change à son gré les emblèmes.

Elle relève du roi et elle est soumise à l'Église. Dans une première période, elle est vassale du roi d'Angleterre en tant que duc de Guyenne et, à ce titre, elle doit lui prêter le serment d'hommage, après que le duc a prêté ou fait prêter par son repré-

1. *Registres de la Jurade*, t. I, p. 314.

sentant (sénéchal, duc ou prince d'Aquitaine suivant les temps) le serment de respecter les libertés de la ville. Ces serments continuèrent d'être échangés quand le roi d'Angleterre (toujours d'ailleurs duc d'Aquitaine) eut pris le titre de roi de France. On a vu que la conséquence immédiate de cette usurpation fut d'empêcher tout appel en cour de France, et l'on sait si les Bordelais avaient usé et abusé de ce droit d'appel! D'autre part, la ville brigua et obtint cette faveur, si souvent sollicitée par d'autres villes, pays ou seigneuries, et d'ordinaire accordée, de ne pouvoir être séparée de la couronne. Nous voulons, dit le roi dans une déclaration du 18 mai 1335, qu'à l'avenir ladite ville « soit à perpétuité et demeure annexée à la couronne d'Angleterre et à notre chambre[1], sans pouvoir être jamais transférée aux mains, usage et propriété d'un autre, sauf à l'héritier de la couronne. Cependant, même dans ce cas, elle demeurera annexée à la couronne du royaume et jouira, comme auparavant, des privilèges de notre chambre[2] ». Quand Bordeaux eut été conquise par les Français, elle demanda et obtint également de n'être pas séparée de la couronne de France.

Les liens qui rattachent la Commune à la couronne d'Angleterre sont formés d'obligations déterminées qu'elle rappelle chaque fois qu'elle y est invitée par le roi. Elle tient de celui-ci ses privilèges et, le plus précieux de tous, « son maire et sa Commune », ce qui constitue sa personne juridique ou politique. Comme le contrat féodal est essentiellement personnel, qu'il lie les contractants pour autant que leur volonté peut durer, la Commune est obligée, à chaque changement de seigneur, de rappeler ce lien et de redemander la confirmation de ses privilèges. Elle tient en outre du roi certains droits d'usage dans la ville et sur le fleuve : le libre usage des mers, des places publiques, des padouens[3], le droit de naviguer librement sur la Gironde. Par contre, elle est tenue de prêter au roi certains services (on l'a vu plus haut), militaires et pécuniaires. Mais, quand elle est en règle avec son souverain sur ces points, elle peut se considérer comme souveraine et libre d'agir comme le seigneur l'est dans son fief. Elle peut s'entourer de villes fédérées ou sujettes,

1. C'est-à-dire au domaine particulier du prince.
2. Cartulaire de Henri VI.
3. Le padouen était « tout objet quelconque, chemin, eau, pacage, forêt, dont l'usage était laissé à d'autres qu'au propriétaire et qui, par conséquent, était ouvert à tous : *patentia* ou *patuentia* » (Pierre Harlé, *les Padouens du Bordelais*, 1910, p. 1).

comme une place forte, de barbacanes[1]. Parfois le roi proteste contre une liberté d'allures qui pourrait se tourner au besoin contre lui ; en 1433, il fait défense aux bourgeois et habitants « de contracter des alliances, de faire des serments et promesses aux barons et seigneurs de Guyenne, spirituels ou temporels[2] ». Cette défense était vaine ; toute l'histoire de Bordeaux prouve qu'elle n'a jamais été respectée.

La Commune a ses sujets ; son autorité politique, administrative, judiciaire, sociale s'étend en effet sur sa banlieue. Cette banlieue, la ville la possédait déjà au XIIIe siècle ; la charte de Philippe le Bel, dite « Philippine » (1295), en fixa par écrit les limites. Bordeaux en fut dépouillée à la suite de la guerre de Dix ans ; puis elle la recouvra sous Édouard III (1er juin 1342)[3] et ne la perdit plus. Au XVe siècle, au moment où les Français menaçaient de prendre les plus solides de ses boulevards extérieurs, Bourg et Blaye, elle acquit le comté d'Ornon (1406-1409).

A l'égard de l'Église, la situation de la ville était plus délicate et, à certains égards, moins bien définie. C'est à la suite de nombreux conflits qu'elle se précisa. Les plus fréquents et les plus aigus furent des conflits de juridiction.

Les justices de l'archevêque, des paroisses de la ville, des grandes abbayes qui s'étendaient hors des murs (Saint-Seurin, Sainte-Croix, etc.) étaient naturellement jalouses et rivales de la justice municipale. La seule arme que l'Église pût opposer aux bourgeois était l'excommunication, qui avait le tort de frapper indistinctement tout le monde : fonctionnaires usurpateurs et bourgeois paisibles. Aussi la ville essaya-t-elle, non sans succès, de se mettre à l'abri de cette punition redoutée : en 1247, le pape Innocent IV défendit aux abbés de Sainte-Croix et de Saint-Jacques d'excommunier le maire et les jurats sans un mandement spécial du Saint-Siège[4]. Un peu plus tard, Bertrand de Got, devenu pape sous le nom de Clément V, prit des dispositions très favorables pour la ville dont il avait été archevêque, en réglant dans un esprit de conciliation deux affaires épineuses : les excommunications et les citations des juges ecclésiastiques.

1. Le mot est dans une lettre au roi du 30 juin 1406. Voir *Registres de la Jurade*, t. I, p. 90.

2. *Inventaire des registres de la Jurade*, t. III, p. 181.

3. *Livre des Coutumes*, p. 549 ; *Livre des Bouillons*, p. 118.

4. *Commission des monuments et documents historiques de la Gironde*, t. 855, p. 38.

Le premier cas se produisait quand des bourgeois ou des habitants (« cives Burdegale vel ipsius incole civitatis ») venaient à mourir sous le coup d'une sentence d'excommunication (pour toute autre cause d'ailleurs que des causes touchant le dogme ou la discipline) sans avoir reçu l'absolution ; alors la sépulture en terre consacrée leur était refusée. Le pape accorde donc à ses chers Bordelais ce privilège que, si le mourant a donné des signes manifestes de repentir, l'official sera tenu de lui assurer le bénéfice de l'absolution « sans amende ou exaction quelconque » et par conséquent d'admettre son corps au cimetière (13 janvier 1306)[1] ; l'évêque de Bazas, les abbés de Sauve-Majeure et de Saint-Romain de Blaye sont autorisés à se substituer à l'official si celui-ci est négligent ou empêché de remplir cet office[2].

Ce privilège ne fut guère observé ; du moins voyons-nous le maire, les jurats et la Communauté se plaindre de la sévérité des « amendes et satisfactions » exigées des Bordelais pour leur absolution, si bien que certains d'entre eux, « liés par des sentences d'excommunication et redoutant leur sévérité, tardaient à demander le bénéfice de l'absolution et que parfois ils mouraient excommuniés », ou bien encore « que ces bourgeois et habitants, écrasés par les grands frais qu'ils devaient subir, refusaient de payer les dîmes sur le vin, le blé et leurs autres revenus, ce qui mettait leurs âmes en grand « péril ». Désireux de les satisfaire, le pape (4 avril 1307) nomma une commission composée de l'archevêque de Bordeaux, de deux chanoines et de trois bourgeois de la ville : Bernard Ferrer, Bernard Mayensan et Arnaud de Saint-Julien, « à l'effet de déterminer le taux des amendes que les excommuniés paieront à l'official pour être absous et de remplacer les dîmes par un paiement en argent ; en cas de difficulté, on devra en référer au Saint-Siège[3] ».

Ce même jour, le pape accorda encore aux Bordelais le privilège de n'être pas tenus de répondre à une assignation devant une justice ecclésiastique hors de Bordeaux, à moins que des lettres du Saint-Siège ou d'un légat ne le permissent expressément ; puis il chargea (17 juillet)[4] l'abbé de Sainte-Croix et le prieur de Saint-Jacques de le faire respecter. On a soigneusement

1. *Livre des Bouillons*, p. 281.
2. *Ibid.*, p. 283.
3. *Registrum Clementis pape V*, t. II, p. 51, n° 1745 ; cf. *Livre des Bouillons*, p. 274.
4. *Registrum Clementis pape V*, t. II, p. 51, n° 1746.

consigné sur le *Livre des Bouillons* un mandement du prieur de Saint-Jacques relatif à ce privilège ; il est daté du 2 juin 1336.

J'arrête ici cette étude. Si je m'étais proposé de retracer le tableau complet des institutions municipales de Bordeaux pendant la domination anglaise, il me faudrait ajouter beaucoup de détails encore sur l'administration intérieure, les fonctionnaires, les grands services publics; je voulais traiter surtout de la mairie et de la Jurade. Pour donner à ce sujet restreint toute sa valeur, il faudrait suivre en outre l'institution de la mairie dans les autres villes qui furent soumises au gouvernement anglais pendant trois siècles et, d'autre part, comparer cette forme d'organisation à celle du Consulat, que nous retrouvons également en Aquitaine[1]. Ici, c'est l'influence languedocienne ou toulousaine qui prévalut ; là, c'est l'influence normande et française, propagée par les *Établissements de Rouen*. Cette comparaison, qui serait instructive à coup sûr, m'entraînerait loin. Pour ne point m'aventurer hors de Bordeaux, je constate en terminant que, si cette ville a été chercher au dehors la forme première de ses institutions, elle les a faites siennes par la manière originale de les appliquer. C'est, comme on l'a montré, par une suite de petites révolutions intérieures qu'elle a peu à peu conquis une sorte d'autonomie presque républicaine ; pendant le premier tiers du XIIIe siècle, ses progrès, ses empiétements, si l'on veut, ont été constants et la royauté anglaise n'a guère fait autre chose que confirmer ses usurpations. Maîtresse du pouvoir, la haute bourgeoisie n'a pas su l'exploiter ; elle s'est laissé affaiblir par des rivalités intestines ; ses fautes ont alors fourni à la royauté le moyen et l'occasion de confisquer une partie des libertés municipales dont les chefs des factions avaient si cruellement abusé. Elle a cessé de commander et n'a plus été qu'une classe sociale, satisfaite et asservie.

1. C'est ce que j'ai essayé de faire dans un livre aujourd'hui terminé, mais qui ne pourra sans doute point paraître avant la fin de la guerre.

Nogent-le-Rotrou, imprimerie DAUPELEY-GOUVERNEUR.

www.ingramcontent.com/pod-product-compliance
Ingram Content Group UK Ltd.
Pitfield, Milton Keynes, MK11 3LW, UK
UKHW020932180726
13838UKWH00002B/899

9 782019 938567